Caro lettore,

il libro che hai tra le mani non è come tutti gli altri. È stato infatti prodotto attraverso un sistema di *print on demand*. Ciò significa che la tua copia è stata confezionata appositamente per te, in seguito al tuo ordine. Non è una copia stampata tra mille altre e lasciata lì in attesa che qualcuno l'acquistasse; è *tua*. Ti chiediamo dunque scusa se per averla hai dovuto sopportare qualche piccolo disagio, se hai dovuto affrontare spese di spedizione o tempi di attesa più lunghi del previsto; in compenso, questo sistema di stampa e distribuzione ti ha permesso di poter acquistare un libro – il tuo libro – che altri editori, legati ai sistemi tradizionali, avrebbero considerato inutile ristampare. Noi, al contrario, così facendo ti offriamo la possibilità di leggerlo.

Nel salutarti ti ringraziamo di avere scelto le Edizioni Trabant e ci auguriamo di rivederti sulle pagine di un altro volume.

Buona lettura.

le Edizioni Trabant

Pillole per la memoria – 17

Isbn 978-88-96576-20-5

Prima edizione: 2013
Seconda edizione: 2021
Edizioni Trabant – Brindisi
www.edizionitrabant.it
redazione@edizionitrabant.it

Giacinto De Sivo

Scritti politici

Edizioni
Trabant

L'ALTRO GRIDO DI DOLORE

« Il nostro paese, piccolo per territorio, acquistò credito nei Consigli d'Europa perché grande per le idee che rappresenta, per le simpatie che esso ispira. Questa condizione non è scevra di pericoli, giacché, nel mentre rispettiamo i trattati, non siamo insensibili al grido di dolore che da tante parti d'Italia si leva verso di noi! »

Così dichiarava il 10 gennaio 1859 re Vittorio Emanuele II di Savoia, giustificando quella che di lì a poco sarebbe diventata la politica piemontese di annessione degli stati italiani.

Un grido di dolore, l'espressione era destinata a divenire proverbiale. Purtroppo, c'è da ammettere che a gridare di dolore, alla fine del convulso processo di unificazione nazionale, furono in tanti, e non sempre casa Savoia seppe dimostrare la stessa sensibilità. « *Pavammo nui da sott' / e Emmanuele se ne fott'* » recitava un canto popolare della seconda metà dell'800. Al di là del folclore, l'epoca post-unitaria vide tutto un fiorire di pensatori, intellettuali o semplici memorialisti intenti a urlare il proprio disappunto per il nuovo stato di cose, e dalle posizioni più disparate: un ampio gruppo di scontenti che andava dai legittimisti contrari al cambiamento, per motivi di principio e di merito, a quei rivoluzionari che il cambiamento l'avevano auspicato ma, una volta avvenuto, restarono delusi. Chi ci segue, lo sa: da alcuni anni ci prodighiamo per riportare all'attenzione del pubblico queste testimonianze, spesso passate sotto silenzio.

Tra i legittimisti, non lo scopriamo certo noi, un posto di rilievo è occupato da Giacinto De Sivo. Con la sua veemenza egli rappresenta probabilmente il più acceso, appassionato, sincero pensatore filo-borbonico del suo tempo. « Il più *feroce* sostenitore dei Borboni » abbiamo avuto modo di definirlo in occasione della pubblicazione della *Storia delle Due Sicilie.* Una definizione che è spiaciuta a qualcuno, ma che da parte nostra s'intendeva nel suo significato etimologico di *strenuo, infaticabile.* Come ad alcuni ha garbato poco la prefazione al primo volume della *Storia,* nella quale, volendo presentare il personaggio anche a chi vi si accostasse la prima volta, abbiamo osato muovergli qualche appunto e, in un paio di occasioni, fare dell'ironia. Le critiche che ci sono arrivate – sempre nell'ambito del garbo e dello scambio civile di opinioni – sono un segno più che evidente della simpatia e del rispetto che questo personaggio gode oggigiorno nella cerchia degli appassionati di storia meridionale.

Abbiamo dunque pensato che fosse utile completare il quadro raccogliendo, per la prima volta in un unico volume, le altre sue opere di argomento politico. Un insieme di pamphlet e discorsi pubblici – più un piccolo componimento poetico – che, per i motivi che addurremo, non soltanto affiancano ma per certi aspetti chiariscono meglio l'opera storica dell'autore.

La nostra raccolta ha inizio con l'elogio pronunciato nel 1852 per la morte del generale Ferdinando Nunziante, l'uomo che nel biennio 1847-49 aveva domato le rivolte in Calabria e Sicilia. Gli avvenimenti dell'epoca avevano profondamente scosso l'autore, al punto da spingerlo a scrivere il primo abbozzo di quella che sarebbe diventata la *Storia delle Due Sicilie.* Nelle vicende del '48 napoletano De Sivo aveva già scorto i semi di quel processo che avrebbe portato in meno di quindici anni al disfacimento del regno borbonico: da questo punto di vista, la prematura scomparsa di Nunziante, da lui descritto come un eroe legittimista tale da poter essere contrapposto a

Garibaldi – e si noti con che maligna soddisfazione l'autore ci descrive il nizzardo che dopo Velletri fugge pur di non scontrarsi con il napoletano – assume quasi i contorni di un oscuro presagio.

Difatti, il testo successivo è ancora un discorso funebre, mai però stacco potrebbe essere più drammatico. Ci spostiamo a Roma nell'ottobre del 1861, quando De Sivo partecipa, con gli altri legittimisti napoletani in esilio, alle celebrazioni per il primo anniversario della sfortunata battaglia del Volturno. Data l'occasione, il tono è similmente di cordoglio, ma ad essere pianto non è più adesso un uomo soltanto, ma un regno intero e una lunga schiera di caduti. Il *Discorso pe' morti nelle giornate del Volturno* è l'occasione, per il tragediografo di Maddaloni, per riassumere in breve le vicende della caduta dei Borboni e soprattutto la drammatica situazione del Mezzogiorno nell'immediato indomani della unificazione. Una struggente malinconia percorre queste righe, con tutto il dolore che un esule può provare per essere costretto a osservare la sua terra da lontano. La conclusione è, ad ogni modo, di speranza: « Si, rivedremo i nostri cari monti, le nostre campagne benedette, le incontate sponde delle Sirene; finirà questo esiglio, ritorneremo a' paterni focolari, riabbracceremo le spose, ribaceremo i figli nostri. »

Di tutt'altro tono il successivo *L'Italia e il suo dramma politico nel 1861*. L'anno è il medesimo, ma l'occasione e lo spirito profondamente differenti. Non si tratta, adesso, di una commemorazione dei caduti, ma di una appassionata filippica contro il progetto dell'unità italiana. L'argomento è generale e non riguarda esclusivamente le regioni meridionali: De Sivo si scaglia contro quella che ritiene essere un'ipocrita bugia, presentare cioè come progetto di riscatto nazionale quella che è soltanto, a conti fatti, l'espansione di uno staterello e una rivoluzione a danno dei legittimi regnanti. Attinge alla sua indignazione per smentire la vulgata propagandistica degli unitari, secondo cui gli stati della penisola fossero tutti, quale più quale meno, degli incubi di miseria e oppressione. Deride le ambizioni del neonato

Regno d'Italia in campo internazionale, mortificando, dati alla mano, le sue reali possibilità di competere con le potenze europee.

Se nel *Dramma politico* lo sguardo è focalizzato all'Italia tutta, nel successivo pamphlet ci si concentra quasi esclusivamente sulla situazione di Napoli. Parliamo di quello che è forse il saggio più celebre del De Sivo: *I Napoletani al cospetto delle nazioni civili*. Potremmo azzardare addirittura che sia la sua opera più riuscita, per impatto e scorrevolezza. Diversi elementi che nei saggi precedenti abbiamo potuto sentire accennare, dipingere appena o soltanto introdurre, qui si riuniscono in un unico, coerente tutt'uno. I temi cari a De Sivo, condensati in poche pagine, ci sono tutti: esprime la sua avversione al cospirazionismo liberale-massonico, rivendica con orgoglio il felice stato del Regno delle Due Sicilie prima del 1860, smaschera le arti adottate dai suoi nemici per calunniarlo e farlo passare per una sorta di inferno sulla terra, descrive per sommi capi la sventurata campagna del 1860-61 che ha portato all'annessione piemontese. Ma l'Italia – avverte – non può essere unita, i suoi stessi abitanti non lo desiderano, né a conti fatti conviene davvero che sia unita; e in una lunga sezione centrale motiva il suo assunto su basi linguistiche, storiche, politiche. In chiusura, lancia un appello alle nazioni europee perché dimostrino attenzione al tragico stato del meridione d'Italia, devastato da una guerra civile chiamata *brigantaggio*, e alla situazione dei suoi esuli che vanno « raminghi per la terra, riempiendola di lamenti, invocando soccorso dagli uomini e dal cielo. » È, in definitiva, il vero altro grido di dolore da contrapporre a quello citato da Vittorio Emanuele II: grido, in fin dei conti, inascoltato.

Conclude la nostra raccolta un componimento poetico, la canzone *All'Italia*, occasione colta dall'autore per ribadire in versi il medesimo strazio per una penisola ridotta, a suo vedere, ad un cumulo di « carceri colme e strette / spie, sgherri, uccisioni, ire e pugnali ».

Il nome di Giacinto De Sivo resterà per sempre legato alla *Storia delle Due Sicilie*, la sua opera più imponente e più letta, anche se non con il successo che avrebbe meritato. E tuttavia, rispetto a quella, i presenti scritti, per quanto composti in base all'urgenza del momento, per occasioni particolari, o per commentare fatti contingenti dell'attualità, hanno un loro particolare interesse nel presentarci in forma più completa il pensiero dell'autore. Un pensiero che soltanto a una lettura superficiale potrebbe essere liquidato come reazionario e retrogrado. Certo, nasce da una bruciante esperienza che lo spinge a esprimersi in una forma veemente, sarcastica, talora violenta; ha però una sua lucidità nel denunciare la faciloneria e l'ipocrisia dell'illusione di fare uno stato dal nulla calpestando storia, tradizioni e quelli che oggi chiameremmo *diritti umani*. Ma De Sivo in queste pagine non si limita a *distruggere*, ci lascia anche intravvedere, sia pure in modo sfuggente, l'aspetto *propositivo* del suo pensiero: il ripudio dell'espansionismo militaresco, l'idea federalista considerata come la più adatta per la particolare storia politica e culturale della penisola italiana, un certo universalismo cristiano che lo porta a prediligere la multi-culturalità al nazionalismo: « Anzi che abolire la idea di straniero, la esageriamo, e risvegliamo le gelosie e le ambizioni. Ma questo pensiero che ne richiama a' tempi rozzi, e fa considerare nemico qualunque parli diversa lingua, è pensiero vecchio che accenna a disgiungere quanto Cristo annodava; è ritorno al paganesimo che appellava barbaro lo straniero, e lo voleva morto o servo. »[1]

Scrivendo per lo più a 1861 in corso, egli dimostra anche di nutrire solide speranze sul trionfo di queste idee. Da buon cristiano, De Sivo crede nella Provvidenza e non può abbandonarsi all'idea che i torti restino a lungo impuniti. Esule, osserva da lontano le vicende della sua vecchia patria e, sotto l'ottica distorta dalla distanza e dalla partecipazione emotiva, in parte esagera o fraintende gli avvenimenti. Il fenomeno del brigantaggio, per esempio, eccita la sua fantasia, vi scorge il tanto agognato riscatto del suo popolo soggiogato: « *Fuori*

[1] *I Napoletani al cospetto delle nazioni civili*, cap. I.

lo straniero! è il grido terribile di tutta una gente oppressa: ogni valle, ogni grotta, ogni macchia ne ripete l'eco; un popolo non può tutto andare in esilio, o in carcere, o in tomba. Vi saran sempre braccia per combattere e seppellire l'avido invasore sotto le campane glebe. »[2] Scrivendo noi invece nel 2013, dobbiamo riconoscere come tali previsioni si siano rivelate, alla lunga, errate, ed è questo l'aspetto più malinconico che sottostà ai presenti scritti. Se De Sivo nel *Discorso pe' morti nelle giornate del Volturno* vaticinava la fine dell'esilio, la storia decise invece tutt'altro e, nonostante i tentativi, a volte anche ingenui, per resuscitarlo, il suo amato Regno di Napoli non rivide più la luce. A conferma della veridicità di quell'amara battuta attribuita a Francesco II di Borbone: « I regni sono come i sogni. Dopo qualche giorno, non se ne ricorda più nessuno. »

[2] *I Napoletani al cospetto delle nazioni civili*, cap. XI.

ELOGIO DI FERDINANDO NUNZIANTE

Edizione di riferimento: Caserta, Tipografia della Intendenza, 1852.

La gloria e la fama niente aggiungono alla virtù; la quale sola è tutto, e sola sovrasta al tempo e all'invidia, e paga di sua possanza sta immota al fluttuar delle umane opinioni. Però non ha di lodi mestieri. Ma laudar la virtù che fa di persona cui colse la morte, non è vano tributo di ammirazione, è anzi fonte preclara d'utilità alle genti che sono e che saranno; perciocchè quella lode ne dispiega innanzi agli occhi le bellezze del tempo passato, con nobilissimi modelli d'uomini virtuosi; i quali addiventano quasi maestri di emulazione, e duci ne' casi della vita, cui seguendo anche la sventura è bella e senza rimorsi. Somma poi si fa la utilità, quando la rimemorazione ha campo di grandeggiare nelle cose della patria nostra, e fra le fila dell'esercito ch'è nostro vanto, e che a questi tempi turbinosi ha raggiunto con modesta fortezza e civil disciplina l'onorato scopo della difesa e del trionfo della ragione; laonde noi ed i nati da noi ne venghiamo isforzati a renderci degni e non degeneri figli di una terra che fu gran tempo feconda d'opere grandi di mano e di intelletto. Per siffatto bene adunque, e non per vanità d'una tomba, vanno fatti gli elogi degli uomini ragguardevoli che ne precedettero all'ultimo passo.

Ed alto e grave incarco è questo, e vuol vigoria d'eloquenza e lucidezza d'ingegno, così che mal vi posso rispondere io, che per la prima volta, o valorosi scrittori, mi fo a dire innanzi a voi; e non una elegante orazione ch'abbia gran levata di stile e di concetti vi appresento, ma vi dò con animo addolorato e mestissimo alquante dimesse ed umili parole intorno a' fatti d'un nostro egregio cittadino, or ora perduto alla famiglia, all'esercito, alla patria, al Re; perduto in quella immatura stagione della vita, quando la virilità è piena, e quando pe' semi delle durate fatiche, era da attendersi copia di fruttuosa pace a lui e di contentezza a' suoi ed a tutti i cuori napolitani, ch'ora invece lo rimpiangono estinto. E chi non rimpiange l'amico, il fratello, il padre in quel pio uomo che s'avea con giusta misura le virtù civili e le cristiane? in quell'onorato gentiluomo soccorritore della reietta infelicità, e sostenitore della giustizia? in quel forte duce nel quale convenivano i pregi della carità e del dovere, della fedeltà e del valore: voglio dire in Ferdinando Nunziante? Oh perchè non sono io nè soldato nè oratore, per imprendere dottamente la orazione de' fatti di questo capitano di milizie? Nondimeno dell'ardimento mio forse che m'avrò generosa perdonanza; non in grazia già della dimestichezza e parentela cui volle fortuna mi legassero a lui, ma perchè laudando io fievolmente chi notissimo è per laudi maggiori, accrescerò in altri gli encomiastici pensieri per aggiungere al paraggio de' suoi merti. I quali abbenchè sien tali che rendano malagevole l'opera di celebrarli degnamente, non per questo avran difetto di loda; quando che le rime elette dettate da voi, o cortesi valentuomini, tramanderanno agli avvenire non soltanto il suo nome, ma la pietà bensì e 'l pianto vostro, siccome testimonianze del desiderio ch'ei rimase di lui ne' contemporanei che gli sopravvissero. Ed io frattanto rammenterò qual uomo ei fu mentre che visse, e come stimabile a tutti, anche a chi se l'ebbe percussore; e come nelle pubbliche e private vicende dubbiose, ei si consigliasse con la coscienza, norma infallibile in qualunque stato, in qualunque tempo, in qualunque politica; e come, pel suo morire acerbo, da tutta la nostra nazione egli è compianto e lagrimato. Dirò senza ornamenti di discorso, ma con l'animo afflitto, come uomo dolente a dolenti ascoltatori, come un cuore commosso a commossi cuori favella. Alla mole dell'assunto sostituirò lo ingegno volonteroso, alla ignoranza della scienza la memoria d'averlo udito io sovente de' suoi fatti modestamente a favellare, ed alla splendidezza della locuzione sostituirò la ingenua verità che pure è splendida ed eloquente, e che bene sta allo elogio d'un personaggio che fu lontano sempre dalle apparenze e dagli artifizi.

Oh perchè mai quei grandi de' quali ha vanto l'antichità, restano con pochi confronti a' secoli moderni? Forse che il tempo, degenerando la stirpe di Adamo, ogni dì la riduca più fiacca; o che la umanità sia per morire alla grandezza, e cadere senza luce nell'obblio de' venturi tempi? Forse che la mano superna del Signore è spossata, o ch'Ei fa indegna l'età nostra degli antichi doni, o che pietoso de' mali onde sempre quaggiù vanno oppressi gli animi sommi, sia stanco di vedere l'enormi ingiustizie della terra? No, la mano creatrice dell'Universo che tiene i mondi nello spazio, e rinnovella tuttora i portenti negli abissi del mare e ne' fiori del prato, è ancora ed eternamente onnipotente sarà; e delle ingiustizie terrene fa sgabello a celesti delizie a' tribolati. Nè Dio nè il tempo mutarono un atomo alle cose create; nè men di prima è feconda la natura; i monti, le acque, le piante, gli animali e le stelle, quali furono sono, e nulla è mutato. Mutata soltanto è la umana società. La quale come fu eroica si è fatta civile; e come era volta a sublime gloria, oggi dell'oro è ricercatrice; e con una civiltà ch'è tutta nel molle vivere, ha in pregio più la sembianza che la sostanza della virtù; e pria che dar plausi al bello ed al magnifico, lascia derelitte o percosse le grandi anime che a quando a quando passano sulla terra per decoro della umana famiglia. Ahimè! una grande ed una bell'anima albergava in colui del quale ora piangiamo, e che in secolo non accomodato a sensi suoi tardi giunse alla vita, e presto ne partì. E troppo prestamente; che partia quando appunto cominciavamo a comprendere quanto ei fosse personaggio onorando, e degno d'altra età più forte, produttrice di spiriti eletti e non di riposate delizie; personaggio splendido come insolita stella in questa buiezza di tempi che sempre si fanno peggiori, e cui de' suoi giorni abbellì.

Il marchese Ferdinando Nunziante fu gentiluomo di camera del Re, cavaliere, commendatore e grande uffiziale dell'ordine di S. Giorgio, commendatore di S. Ferdinando, gran croce di Francesco I.°, gran croce dell'ordine di S. Gregorio Magno, gran croce dell'ordine di Carlo III. di Spagna, gran croce dell'ordine della corona di ferro di casa d'Austria, e dell'ordine di Wladimiro di Russia. Fu uffiziale, colonnello, generale di divisione, capo supremo di esercito, maresciallo di campo, comandante territoriale delle tre Calabrie e di Basilicata. Fu di forte padre fortissimo figlio, di sposa eletta amoroso consorte, e di vaga maschile prole contento genitore. Fu amico vero, cittadino insigne, suddito fedele, uomo di stato, onore della milizia napolitana: degnamente compiè in sua giornata quella parte che nella immensità de' tempi gli avea la provvidenza serbata: sarà de' figli nostri ricordo, vanto, modello.

Nascendo quasi col secolo, ei vedeva la luce del sole il 17 dicembre 1801 in Campagna città del Principato, figliuolo primogenito di Faustina Onesti e di Vito Nunziante che fu marchese e Luogotenente generale; di quel Vito Nunziante che s'ebbe sua parte nel riacquisto del reame correndo lo sciagurato anno 1799; quel Vito che dappoi die' pace alle Calabrie disertato dalle francesche fazioni, e che più sarebbe rammentato se i Napolitani ai loro Napolitani le debite lodi impartissero. Laonde, ove il retaggio delle paterne virtù è laude a' figliuoli, laudato esser deve il nostro Ferdinando che succhiò col latte lo affetto devoto alla stirpe de' suoi re; e che dalle paterne armi ed esempi che agli occhi giovanili di buon ora gli scintillarono, s'ebbe tanto eccitamento a belle onoranze, che ne fu, nell'acerba età di quattordici anni, a quella milizia sospinto, la quale nella maturità dovea farlo una de' propugnatori del trono, e dell'ordine sociale, ammirevole a' contemporanei, e onorato, non che dal suo, dai monarchi più potenti della cristianità.

Ma non è mio pensamento d'intrattenere il discorso in su quei primi anni, quando fanciullo seguace col padre della borbonica fortuna sulla siciliana contrada, assaporava con altri fidi il decenne esilio. Nè dirò come al ritorno sul continente il giovanetto entrasse uffiziale nell'esercito il dì 8 ottobre 1815; e come su su sempre onoratamente i gradi militari travarcasse, e come a 1. luglio 1833 fatto colonnello del 3.° reggimento dragoni di cavalleria da lui organizzato, si meritasse il sovrano gradimento; e come, retto anche il 2.° dragoni, promosso venisse a general di brigata il 28 aprile 1844. Nè aggiungerò parola per la scuola d'equitazione militare da lui diretta, nè per altri uffizi alacremente disimpegnati in quei tempi tranquilli; perciocchè siffatte lodi che non lo scompagnerebbero dalla comune degli uomini da pregiare poche riescirebbero per lui che ricco di quei fatti che sono subietto di storia, vuol essere in altra altezza mirato.

Se non che dove deggio io volgere i detti or che sono alla tremenda stagione delle rivoluzioni? Dovrò per far lo elogio d'un uomo, pronunziar parole severe di biasimo alle nazioni? Io privata persona mi solleverò a giudice de' contemporanei, e darò sentenza su' rivolgimenti de' popoli e sulle politiche vertigini che ne volsero in giro? Ovvero tacerò, e passerò lacerando questa luttuosa pagina della storia, quando da essa esce limpido lo encomio del prode? Certamente che isforzato dal mio subbietto verrò condotto a farne cenno; ma, se non baldo, con sicurezza parlerò, quando nè pusillanimità nè ardimento mi travolgono il pensiero; e quando che so che pur da' grandi falli dell'umanità sorgono argomenti di stupore, di rispetto e di ammaestramento.

Già il secolo decimottavo avea tentato di scrollare la religione, ed empie lingue d'uomini superbissimi, troncati quei nodi che contenevan le genti, audacissimamente avean maledetto alla divinità. Già smosso quel natural fondamento dell'edifizio sociale, i sofisti dell'età lanciavano gli arieti per diroccarne le mura nelle voragini dell'ateismo e dell'anarchia. Già predicatori di non verace liberta, empiendo le orecchie della moltitudine volubilissima, e provocando la forza del numero e delle braccia, sospinta l'avevano ad abbattere tribunali, troni ed altari, e a spegner le vite de' cittadini e a spargere il sangue de' re. Già le sette coperte di mille colori avean minato gli ordini antichi: filosofia, enciclopedia, giornali, scismi, guerre civili e religiose, preti dispersi e percossi, chiese disfatte, e saccheggi ed incendi, ogni cosa correre come in torrente e andar per la china alla ruina della terra. Già il fatale intelletto e la maravigliosa spada del Corso, mosso dal pensiero del Signore, avea doma l'idra delle fazioni, e risospinta la moltitudine alle leggi ed agli altari, sinchè compiuta l'opera stupenda, e cessato il bisogno di quel celeste fuoco, il Prometeo novello cadeva avvinto sullo scoglio dell'oceano. Ma già tornato il dritto in soglio, e la pace nella famiglia d'Europa, ecco Francia novellamente ritornar sulle rivolture, e con dinastie secondogenite infrangere l'alleanza de' Principi, e porre saldo il principio del *non intervento*, ancora ultima di chi aspirando a rivolta teme le compressioni. Di già pochi irrequieti spiriti, dalla terra dell'esilio, rugumando vendette e trionfi col danno della patria, rilanciavan ne' popoli idee mortifere alla società, che appellavan sociali e rigeneratrici. Di già la voce del successor di Pietro, conceditrice di perdonanze, è plaudita con ippocrisia e a disegno, per aggiunger dappoi alla ingratitudine la doppiezza e la ferocia; e già della religione, non creduta, si adopera il sacro linguaggio per ghermire la opinione de' credenti, e farsene empio sgabello a scismi e ribellioni. E già Italia, Germania e Francia concie da arcane sette covavan foco divampatore; e 'l reame delle Sicilie, pria sicurato da un pio Re, qua e là spinto era a commuoversi per improvvise scintille che le sue deliziose contrade a quando a quando minacciavano. Ed ecco la procellosa stagione lunga pezza preparata è per empiere il mondo di nuovi turbini e paure, e strascinar la società nella dubbiezza del suo futuro essere per mutamenti radicali d'ordini, d'uomini e di cose; ed ecco a guisa di scenici drammi si rinnovellano ed indarno innanzi agli occhi nostri i deliri e gli errori e le punizioni de' nostri padri, non valendo a rattenerne nè la storia, nè la tradizione, nè gli ammaestramenti del passato... Ahimè! il passato è pur sempre quello stesso che avverrà.

Il mese di settembre 1847, dopo che s'eran gli animi italiani elati a speranze vigorose d'indipendenza e di libertà, vide nel reame a un tempo levarsi a domandar con l'arme altra costituzione di stato e Reggio e Messina. Questa lo stesso giorno era domata; ma in Reggio, presa il castello, aperte le carceri, caduti prigioni i pochi soldati, e manomessa la regia legge, sorgeva novella potestà di genti insorte. Quel dì e i seguenti sollevavansi Bianco, Bovalino, Ardore, Siderno, Gerace ed altri paesi di Calabria. Tosto navigato a Reggio il conte dell'Aquila fratello del Re con milizie, scacciava a' primi colpi fuor della città i ribelli che sull'Aspromonte riparavano. Era preposto il general Nunziante a duemila soldati che operar dovevano nell'altra

Calabria: ond'ei sbarcato al Pizzo, e visto lo stato delle cose, e in piè la sommossa a Gerace, e presso a insorger l'altra nel distretto di Palmi, ponderando qual si fosse in tanta congiuntura il debito suo, fecesi ratto innanzi, traversando l'Appennino con subito e continuo marciare di trenta miglia. La qual fazione dissipò ad un tratto le bande armate che s'eran fatte grosse in quei luoghi, ed impedì la levata dell'altre di Palmi; di sorte che senza trar colpo, repressa la ribellione, ei risparmiava di molto sangue civile. Ma compiuto l'uffizio di capitano, altro gliene avanzava penosissimo al cuore, quello di convocare le commissioni da giudicar gli imputati per delitto di maestà. Niuno ignora come i codici d'ogni nazione puniscano quella sorta d'attentati; però cinque giovani cadevan passati per le armi. Ed io poteva tralasciar questo fatto, e non turbar d'avvantaggio l'ombre di chi dorme l'orribil quiete della morte; ma desso fu tema di acri lamenti ne' tempi che poco dappoi sopravvennero; ond'io tacendolo sarei paruto a riconoscere giuste quelle strida, cui fu risposto allora e dismentite. Che anzi mi piace di rammemorare come l'animo pietoso del Generale patisse a quelle esecuzioni, abbenchè legali, cui non avea potenza di vietare. Oh come egli narrava talvolta i particolari di quel lugubre giorno, e le angosce che lo travagliavano! L'uffizio suo da una parte, la pietà dall'altra, poteva patirne, ma doveva veder percuotere, gemere, ma non lanciarsi fra i giudici ed i rei, e questi strappare alla sentenza e farsi da più che le leggi, cui solo alla sovranità il grazioso e divino dritto di attenuarle è conceduto. Nondimeno, fattosi animo a sospendere la esecuzione di altri due pur condannati nel capo, ma dichiarati men rei, e raccomandatili all'augusto e clemente monarca, ei lor campò la vita. Di che maggiori si sollevan gli elogi per lui: che s'egli è bello a compiere un duro dovere, ben più è bello accoppiarlo con la pietà, e adoperare la generosità innocua dopo le vittoria.

Chete le Calabrie, sopravveniva la infausta rivoluzione di Palermo del 12 gennaio 1848, e poi di tutta Sicilia, indarno combattuta; e fu allora ingiunto al marchese Nunziante che da Calabria si recasse nella cittadella di Messina, rimasta propugnacolo ultimo del napolitano vessillo, e sostenesse la difesa di quella guarnigione. Ivi per suo consiglio fu occupato il monastero di S. Chiara, e il porto franco, che son come bastioni di Terranova, opera avanzata della cittadella. Ivi ei fu veduto accorrere ovunque fosse stato rumor di cannoni; ivi il 29 gennaio ebbe contuso il petto e solcato il capo da due palle d'archibugio. Ma quei servigi e questi pericoli siccome colpe s'ebbero allora il guiderdone; perocchè conceduta dal Re nostro una costituzione novella con la quale pareva dovessero le brame accontentarsi, sursero a' seggi ministeriali uomini nuovi, tutti liberalissimi, cui l'opera del Nunziante parve da gastigo anzi che da premio. E ben eglino avean ragione d'esser di lui scontenti; che la chetata Calabria avea ritardata d'alquanti mesi l'innalzamento loro. E comecchè anche per lo avvenire lo temessero, fecero che richiamato da Messina, e scemato di riputazione e di grado, ritraessesi dal comandar le milizie. Deh! non vi sia grave ch'io non m'intrattenga d'avvantaggio su le disordinate borie di quel tempo disordinato, ch'io ne sarei tratto a gravi sentenze su quei valentuomini che pur gridando libertà la libertà affatto distruggevano. Il perchè concedete ch'io neppur favelli delle inverecondie calunnie e diffamazioni che alquanti miseri giornali davan fuori a quei giorni contro a più stimati Napolitani; onde ne veniva poi abborrita la laudata larghezza della stampa che avrebbe dovuto lavorare allo incremento delle scienze e delle morali virtù. Laonde non è da maravigliare, che bensì il nostro Ferdinando s'avesse da quella stampa acri accuse pe' fatti di Calabria; perchè era utilità de' novatori a discreditarlo nella pubblica opinione, ove riusciti vi fossero. Tempi sventurati correvano. Ma il savio si fa della sventura una leva per sorgere a migliore stato, nè delle altrui villanie si conturba, perchè sa la grandezza sua. Così egli imperturbabile sofferiva quelle vigliacche punture, e aspettava con sicuro animo il giorno, quando avrebbe isforzata la invidia ad ammutire, e la impudenza istessa a coprirsi per vergogna la faccia. Così la provvidenza di Dio tributa chi vuol felice, raumilia chi vuol sollevato, e prepara il serto trionfale a chi con magnitudine di cuore sopporta i flagelli de' tempi.

E già sin d' allora, quando altri faceva opera d'abbiettarlo, il buon Sovrano gli fidava in Caserta il comando di tre reggimenti di cavalleria e de' battaglioni detti di deposito, fanti congedati che si richiamavano alle bandiere. Ed ei riconoscente congiungeva co' doveri di quel modesto uffizio, gli studi tranquilli di cose di guerra e di storia, ch'erano sua consueta lezione. E fu in quello stare ch'ei vide a uscir dal reame per la guerra detta della indipendenza italiana parecchie migliaia di soldati, cui più volte aveva egli tenuti a sè ubbidienti; e uscire comandati da un capitano non devoto alla causa della monarchia, e cui niuno di quei soldati portava fede ed affetto; da quell'infausto General Pepe, al cui nome collegavasi la rimembranza d'una macchia alla bandiera napolitana; e se vide non punto richiesto d'andare, abbenchè non richiedente, esser tenuto da banda in ignavo ozio, e sopravvegghiato anzi con sospetto da chi nelle mani s'avean messo la somma del potere. E come che in quel turbinoso mese di aprile 1848 vieppiù la cosa pubblica s'affraliva e andava in isfascio alle percosse delle fazioni rigogliose e sicurate dal contemporaneo tempestare di tutta Europa commossa, egli, e come amatore della patria e degli ordini di lei che da ottocento anni riposano ne' re, viveasi amareggiato e sdegnoso di quel nuovo stato, che surto colle promesse di tutto rifare a bene avea già tutto a male condotto. Disdegnoso ma rassegnato egli stava, quando ecco venirgli nelle mani orrende proclamazioni in istampa di rea gente; le quali facendo appello alle armi, invitavano la nazione con feroci minacce ad insorgere a un ora, e a spargere il sangue de' cittadini, e a rovesciare lo stato e rimutarlo. Sentì allora esser giunto il tempo da dare degnamente la vita a difesa dell'ordine e della leggittima potestà; e però in quel momento medesimo che le atroci proclamazioni gli venian manifeste, ei si partiva da Caserta alla volta di Napoli. Era il 13 maggio, due giorni prima di quel miserando giorno, che come riempì di terrore questa nobile città, vorrà essere di spavento e forse di ammaestramento a' futuri bensì. Non chiamato egli accorreva incontro a pericoli certi, per prender posto là dove era il posta d'un soldato fedele. Partiva solo, lasciando spontaneo una città tranquilla, dove eran milizie a sè devote, e dove per debito d'uffizio risiedere doveva, per farsi entro una città, dove iti in volta gli ordini sociali, il dritto era nella forza e nell'audacia, e dove avea nemici, avversari e calunniatori. Andovvi e stette in casa; e ne uscì al rombo ferale del cannone che sull'ora meridiana del 15 di maggio annunziava ai Napolitani l'orribile conflitto che mescere doveva per le vie della deliziosa città il sangue degl'innocenti e de' rei. Sono subbietto di storia le cagioni di quel funesto combattere, e non accade ch'io qui mi faccia a numerarle; ma ben mi deggio porvi innanzi alla memoria come il marchese Nunziante, svellendosi da' figli e dalla consorte, accorresse al piano della reggia; e visto quel primiero disordinato furore dopo la impensata aggressione, addimandasse dal Duce supremo delle soldatesche, e sè offerisse, ed ordini chiedesse. Ma niuno era comandante, che quella non fu pugna preparata; e le irate milizie rispondevano senza ordine con offese alle offese; però alquanti Generali, visto vano ogni sforzo a rattenerle, misero a vincere lo ingegno; e primi in capo a' battaglioni investirono le fortissime barriere, onde gli avversari s'avean fatto difesa. Niuno domandi se Ferdinando non fosse dei primi colla nuda spada nella destra a lanciarsi incontro a quei nemici invisibili, che riparati i petti percuotevano a salvamano gli scoperti soldati presi a bersaglio. Il piumato cappello, il comandare, la persona di soverchio elevata ed appariscente lui facevan segno a' colpi. Atroce maniera di guerra è quella che dicesi delle barricate; sperimento vittorioso fattone in Parigi, e l'altro recentissimo di Palermo persuadeva le menti essere invincibile; e la persuasione accrescendo la ostinatezza moltiplicava l'ire e le offese. E certo la pugna fra le persone e le muraglie non poteva lungamente durare; ed ove l'ultima àncora della società fossesi perduta nella disfatta delle regie schiere, chi mai potrebbe affermare quali tempi sarebbero sopravvenuti? Ed il nostro Ferdinando tosto avvisò non potersi vincere quella pugna, senza mutar modo di combattere, senza opporre muraglie a muraglie. Il disse, e il fece; e arrovesciato con urto di travi la gran porta della casa incontro alla prima barricata, su quella saliva; puntava i suoi bersaglieri da' terrazzi e da' balconi, e sicurato i petti investiva alla sua volta i nemici dall'alto; i quali non potendo più offendere senza patire offese, allentavano i colpi, e poi sostavano e sbiettavano. Valse lo esempio del sicuro vincere; e i soldati adoperato dovunque siffatto modo, progredirono. Nulladimeno abbenchè col silenzio de' nemici fosse la vittoria preparata, non però sgombre rimanevan le vie dalle elevate barriere, che colte e passate dal cannone, pur col materiale inerte vietavano a chiunque il proseguire più innanzi. Per lo quale ostacolo il Nunziante che vedea la somma del vincere esser nel valersi del tempo, e scorgendo le milizie ripugnanti dal lasciar le difenditrici arme, per darsi con le inermi braccia allo sgomberar delle strade, recossi in via S. Lucia, la cui popolazione ei sapeva esser devota al trono, e fidante in lui che ivi aveva casa. Accorse, parlò, fu seguito a un tratto da parecchie centinaia di popolani dalle nerborute persone, da' volti imbruniti dal mare, da' cuori leali e volonterosi; i quali gridando i viva al Re, appresso a lui ed al comando di lui presero a furia a toglier di posto le travi, le panche, le pietre e le carrozze, che accomulate le une sulle altre intrattenevano il passo. Cosiffatta opera die' la popolazione di S. Lucia in quel giorno; non già che alla voce del Nunziante combattesse unita alle Soldatesche, come altri scrisse e stampò.

Ed ora che ve l'ho mostro soldato, ora vedetelo uomo pio che di carità e moderazione dà prova in quel medesimo furiar di battaglia. Imperciocchè impigliatosi il foco al palazzo Gravina, ove ostinata zuffa era seguita, ei vi accorse, e con maravigliosi sforzi, sebbene già molto patito avesse l'edifizio, pur giungeva con alquanti Svizzeri e Pompieri ad estringuerlo. E nobile gara di generosità succedeva. Bello a vedere gli uffiziali e i soldati, dopo tante durate fatiche, affaticarsi per quelli infelici che tra il timor de' vincitori e del fuoco, incapaci s'eran fatti a trovar per se soli lo scampo. Bello dopo i superati risichi della guerra, disfidar altri risichi contro al naturai elemento per campar uomini innocenti, e forse anche colpabili e nemici, da morte imminente ed atrocissima.

Nè dissimilmente ei si conduceva con l'assemblea dei deputati; la quale radunata senza sovrano beneplacito nel comunale palazzo di Montoliveto, e deliberante in mezzo al fragor de' cannoni, come stata era per fallaci grida sospinta a risicosi partiti, così per lo avvicinamento del conflitto, avvisata del suo pericolo, trepida intendeva il venir del Nunziante. Ma questi mentre assicurava la vittoria disfacendo le ultime barricate, giunto a piè della casa comunale, comandava niun soldato escisse dalle fila; e su inviava un suo uffiziale, intimando si sciogliesse la illegale radunanza. Ed obbedito che fu, die' pur guardie di scorta a ciascun deputato sino a casa sua: e niuno pericolò.

Quella giornata combattuta per le vie di ricca e popolosa metropoli, fu in Europa la prima opposizione trionfatrice della rivoluzione; e compieva nella città nostra un dramma durato quattro mesi, ove ogni maniera di condizioni e di passioni avean cozzato e minato. Ma novello dramma e più sanguinoso s'era per isvolgere nelle contrade di Calabria e di Sicilia; imperocchè quei deputati che fallata aveano la prova in Napoli, data pel mondo una protesta che a nuove sommosse faceva appello, prestamente sulla calabrese terra la malaugurata impresa ricominciarono. E patrocinio ed incitamento e soccorsi d'uomini e d'arme s'ebbero dalla propinqua Sicilia; la quale sé credendo surta a indipendenza pel suo fortunato levarsi del gennaio di quell'anno, ben s'avvedeva di non poterla durare quando a simil rivolta surto non fosse il continente del reame. E le era poi di necessità l'aver Reggio dalla sua, dove puntando i cannoni, e incrocicchiando i fuochi con le artiglierie della insulare sponda, avrebbe vietato ogni soccorso alla cittadella di Messina, cui non potendo a forza superare, sol per fame sperava che cadesse. Però, larga di promissioni a' sommovitori calabresi, questi a levarsi in arme spingeva. E dessi levaronsi, e disarmati qua e là i pochi e spicciolati gendarmi, miser su in Cosenza un comitato di pubblica salute, resero mobili le guardie nazionali, poser le mani nelle casse de' regi esattori, e a battaglia si prepararono. Li secondava la rivoluzione con le sue mille braccia: i discorsi, le concioni, la stampa, le armature, le bandiere istrascinavan gli animi; e lo esempio Siciliano, e Milanese, e Francese e Germanico, rendendoli di vittoria confidenti, addoppiava le forze e gli spiriti. Il Governo di Napoli avea rare soldatesche a Scilla, a Reggio e in pochi altri luoghi di mare in quella provincia; dappoicchè il fiore delle milizie fuor de' confini del reame eran per via di Lombardia; e sebbene richiamate subitamente, non si sapeva se a tempo avessero potuto arrivare.

Pertanto alla pochezza del numero fu data compensazione con la prudenza del duce, il quale fu il nostro Ferdinando, preposto a quella guerra. Ed ei moveva il 4 giugno con duemila soldati incontro a tre Provincie sollevate, le cui forze magnificate dalla fama e da' libelli pareva avessero a ributtarlo nel mare in sul primo scontro. Veramente le masse calabresi avean fatto il campo a Filadelfia ed occupato Francavilla, Coringa, Nicastro, Catanzaro ed altre terre; e già seicento Siciliani comandati da un Ribotti Piemontese eran per venire a ringagliardirli, in mentre alla spicciolata e Siculi ed esteri avventurieri sopraggiungevano. Avean divisato i ribelli di far un campo di osservazione su' piani della Corona, per combattere i Regî alle spalle, ov'ei movessero da Monteleone, e porli in mezzo. Le quali cose presentite e previste dal Generale, spinserlo a dar solleciti avvisi, affinchè l'armata nostra vietato avesse lo sbarco de' Siciliani; ma quale se ne fosse la cagione, questi senza ostacolo sbarcarono con a capo oltre il Ribotti un Longo già regio uffiziale d'artiglieria, disertato al nemico. In frattanto al Generale era ingiunto da Napoli che innanzi si spingesse; ed egli cui sanguinava il cuore al pensiero della civil guerra imminente, e bramava la vittoria conseguire piuttosto con civili persuasioni che con la forza della spada; egli si sperava che le bande sollevate, com'è usanza della gente raccogliticcia presto stanche de' disagi de' campi, estenuate e disciolte in breve si fossero; laonde preso sopra di sè il rischio dell'indugio, tentar volle in prima le graziose blandizie d'una pacifica proclamazione. La quale, data il 7 giugno, invitava ciascuno con benevole parole alla ubbidienza ed alla quiete. Ma il comitato cosentino rispondeva con una sua scritta sensi alteri e beffardi. Tanto è vero gli uomini non saper ubbidire che alla forza, e niente far bene se non per necessità. Nè di meglio partoriva una seconda proclamazione esortatrice di pace, fatta il 16 di quel mese; perchè in fra l'arme levate niuna voce meglio di quella dell'arme, è persuasiva ed intesa. Allora, trascorsi altri dieci giorni di vana aspettazione, fu forza incominciar le offese, comandate da cruda necessità, e dalla pervicacia altrui che a tema quel sostare apponeva. Allora, tutto l'animo intento alla pugna, il generale a finirla presto aspirò.

Avean le bande calabresi fermato il campo nel distretto di Nicastro, ove per due vie quasi parallelle esser potevano assalite; ed ambe tortuose e da boschi folti coperte, eran valida difesa a' ribelli. Pertanto il Duce che in quello stante avea avuto incremento di milizia, divise in due il piccolo esercito; una parte ne fidava al maggiore Grossi, spingendolo sulla vecchia strada interna, l'altra menava con seco per la via consolare; e così intendeva d'ambo i lati a cacciarsi d'avante gli avversarî, e ricongiungersi col Grossi in su larghi campi di Maida. Di fatto egli moveva da Monteleone all'alba del giorno 26, passava Bivona e Pizzo, e a sera toccava l'Angitola, fiume ove il nemico avea le prime poste. Quivi alla novella aurora tuona per la prima volta il cannone su le calabresi contrade, e comincia la guerra civile. Disordinate le masse avverse ripiengansi tosto alla montagna, donde cominciano quel trarre continuo di moschetti da albero in albero su' regi; i quali per tortuosi sentieri dominati da folte boscaglie alla scoperta procedono. Laonde le compagnie de' cacciatori piegando in ordine aperto sulle montagne della dritta, isloggiavanvi l'inimico; e proteggevano così il cammino del corpo principale posto sulla strada; in mentre i navigli l'Archimede e l'Antelope, radendo la spiaggia del mare ch'è a manca, tenevano co' colpi loro ispazzata la via d'avanti. Ad Apostoliti s'ebbero alquanta resistenza, più a Coringa, ma la maggiore incontravano sotto Campolongo, dove per gl'intricamenti del sentiero e la ripidezza de' monti boscosi, e 'l pendio sterile della sinistra al mare, si faceva periglioso l'assalimento e facile la difesa, intanto che lo estivo sole di Calabria trafelava le stanche soldatesche. Quivi adunque è la somma degli eventi. Fiduciosi del vincere sono i ribelli, pel numero, per lo scabro terreno, per l'animo ostinato, per l'aggiustatezza de' colpi riparati da alberi e siepi; fidano i Regi nel duce, nella disciplina e nel desio d'onore. Quelli la nuova repubblica, questi l'antica monarchia volevano: tutti a trionfare aspiravano. Pertanto ferocemente si combatte, e la morte qua e là miete implacabile le vite degli uomini. Le milizie percosse da non veduti colpi, percuotevano sulle invincibili rupi o sulle buie boscaglie, e 'l sangue loro tingeva le strade ed i poggi, quando i capi calabresi, con più animoso che prudente consiglio, discendono da' greppi alla via. Ma non può l'impeto degli assalitori per siffatto ostacolo allentare. Muoiono un Mazzei, ed un Morelli ricevitore di Catanzaro, gli altri sopraffatti ritraggonsi alla montagna. Un giovane a cavallo con la divisa di Guardia d'onore, e che per cagione di quella divisa, non era tocco da' soldati, i quali nella confusione della mischia credevanlo amico, lanciossi ad uccidere il Generale; ma pria cadde per più colpi trafitto. Nulladimeno dubbiosa pendea la giornata; però il comandante disceso a piè, primo innanzi a primi dà l'esempio di lanciarsi su per entro alle foltissime boscaglie, dove ogni macchia ha nemici invisibili e feritori. E, sendo egli solo per l'aitante persona comune segno a colpi, gli uffiziali che gli eran da presso amorosamente gli tolsero le spallette e il cappello che troppo il distinguevano. E qui periglioso caso in quel mentre sopravviene. Alquanti soldati presi dallo sgomento rompono gli ordini, escono dalla strada, si lanciano sulla spiaggia a manca, e con esso loro altri spauriti strascinando traggonsi indietro sino al Pizzo, dove rapportano fallaci novelle di sconfitta. La menzogna è avvalorata dalla vista de' cavalli del Generale che seco i fuggitivi menavano. Ma invece quegli co' prodi che rimasti gli sono intorno, non per tale diffalta retrocede, e sempre innanzi cacciandosi il nemico, lo insegue di vetta in vetta, e a fuga piena e disordinata lo costringe. La giornata è vinta, e i destini del reame sono assicurati.

Le milizie giungevano vincitrici in sul cader del giorno a Maida, dove non ebbero permissione d'entrare; perchè Ferdinando pietoso per gl'innocenti abitanti, e temente di qualche grave fatto cui poteva la irritazion degli animi suscitare, volle che il campo fuor delle mura al bivacco soprastesse, in aspettazione della venuta dell'altra parte dell'esercito col Grossi. Ma questi sebbene superato avesse ogni ostacolo a Filadelfia, e conquistato cannoni e prigionieri, pure per difetto di vettovaglia non avea proseguito, e tornato s'era al Pizzo. Però il Nunziante che due giorni atteselo in Maida, nol vedendolo apparire, ed ingannato fors'anco da fallaci relazioni, dubitò di sinistro evento, ed anch'esso indietreggiava per incontrarlo e soccorrerlo ove fosse stato mestieri.

Ma al Pizzo in frattanto seguivano funestissimi casi; che per morte d'una sentinella uccisa dal castaldo d'un prigioniero fatto a Filadelfia, i soldati sospettando d'agressione si precipitarono furiosamente sull'arme, a danno de' cittadini; e miserande sventure vide quel giorno, cui a fatica ponevan modo gli uffiziali. Ma sopravvenuto in sulla sera il duce supremo, die' opera efficace alla possibile rifazione di tanto danno. Ahi chi non assapora l'amarezza delle lagrime, ripensando che sangue costano le rivoluzioni, e spesso sangue innocente; che sempre si fan salvi i rei!

Ora non aggiungerò altro nè de' fatti de' Generali Lanza e Busacca seguiti in quelle contrade, nè dirò come presto il Nunziante ritornasse e Maida, nè come ivi accogliesse le deputazioni de' paesi sottomessi, nè come riordinasse l'amministrazione civile; le quali cose abbenchè feconde di meritato vanto, come che sarebbero subbietto di lunga storia, qui mi piace di tacere. Dirò che la giornata di Campolongo avea fermate le sorti delle Calabrie; le quali dome, rassicurata era il continente, e la via era aperta della minacciosa Sicilia; contro cui le milizie nostre, bramose di vendicar l'onta del Gennaio, anelavano d'avventarsi. E di già i Siciliani venuti in terra ferma, stretti da tutte bande, domandavano patti; e 'l Nunziante rispondeva: *senza patti s'arrendessero*. Nè punto lor valse la avventurarsi nello instabile mare; che per ordine di lui perseguitati dallo Stromboli, nave regia, nelle acque di Corfù fur raggiunti e catturati. Il Re clementissimo fe' grazia della vita a tutti, anche a' disertori dalle sue bandiere.

Il primo giorno di settembre di quel famoso anno il Tenente Generale Filangieri diegli in Reggia da parte del Monarca il brevetto di maresciallo di campo, in premio delle vinte Calabrie, e 'l comando della Divisione di quell'esercito che vincer doveva la Sicilia.

Ora che mai racconterò di questa onorata impresa che tanto levò alto pel mondo il nome del Capitano, il quale con politico e militar senno riconquistava la seconda gemma della corona de nostri re? Felice che de' suoi allori godesi la verdezza, amato da' suoi, rispettato da' nemici, e tenuto in pregio dall'Europa tutta; perocchè egli è vivente prova che in questa bassa Italia, sì a torto calunniata a disegno, sono ancora forti intelletti cui l'invidia indarno percuote. Oh! se di siffatta istoria m'è dato compiere la mole, cui già intorno mi affatico, dirò a lungo di quella impresa, e d'ogni sua minuta fazione; ma qui mi corre il debito di rammemorare soltanto come il nostro perduto Nunziante vi splendesse in seconda luce; e come con la sua divisione il 6 e 7 settembre investisse di fuori la ben difesa e fortificata e fulminante città di Messina, ed assalendola entro le sue trincee gran cagione si fosse dell'abbattimento di quel primo propugnacolo dell'isola; e come con tenui forze sormontasse gli ostacoli di sicurati nemici; e come costoro da prima sognando vittorie e trionfi, domandassero gavazzando che smozzate fossero le membra di questo Nunziante per isbramare in esse di tutti loro l'odio efferato. Stolti che di tanta selvaggia ed invereconda rabbia altre braccia vendicatrici non temevano! Vinta Messina, seguitavano sette mesi di pratiche diplomatiche co' commodori inglesi e francesi; ma escite pur queste a nulla, ecco il 30 marzo del novello anno ricominciano le ostilità. Il 31 move la Divisione del general Pronio, all'alba del primo aprile seguita quella del Nunziante. Il due cadeva Taormina senza sangue per lo ardimento di pochi soldati, il quattro si sottomette Giarre, il cinque Aci reale, il sei con sangue e gloria molta conquistata a forza cadeva Catania, dove la ribelle Sicilia concentrato avea lo estremo sforzo di sua potenza. Si arrendono Siracusa ed Augusta, poi Adernò, Noto, Lentini, Caltagirona, Girgenti, Caltanissetta, Trapani ed altre città e Provincie. Da ultimo Palermo la superba, che di tanto rivolgimento dell'Isola fu cagione, si sottomette senza guerra, dopo quindici mesi di mal menato potere. In ventuno giorni è domata la Sicilia, quella che prima in Europa sventolava il vincitor vessillo delle rivoluzioni; ed ora vinta dal suo leggittimo signore è il primo insegnamento all'Europa commossa del come si percuota la pertinace anarchia.

Ma quelli non eran tempi di ozio e di riposo. Allora quando combattuta era l'Isola siciliana, la sedia del Vicario di Cristo, discesa in fra lo scintillar de' pugnali in man di faziosi, appellantisi liberatori d'Italia, ma veri d'Italia percussori, implorava soccorso da quante sono le cattoliche potenze. Austria, Francia, Spagna e Napoli, alzato lo stentardo della fede, si lanciano insieme sulle pontificie terre per ispianar la via del trionfo a quel Pio IX che in premio delle concepite perdonanze assediato entro al suo Vaticano non avea trovato scampo e rifugio che nelle braccia del più pio de' monarchi nostri. Novemila Napolitani, duce il Re, fecero con bei fatti d'arme rispettata oltre il confin del Garigliano la napolitana bandiera. Se non che, dato per politiche cagioni che la storia isvolgerà l'ordine della ritratta, questa dignitosamente seguì. Quando ad isturbarla, anzi ad onorarla d'un glorioso fatto, i dominatori della città di Roma, fermato insidioso accordo col duce di Francia, tutti con prepossente numero capitanati dal famoso General Garibaldi, si sforzano di tagliare i passi a' nostri battaglioni. Ma a Velletri il 19 maggio i provocatori trovarono pena uguale all'ardimento; perciocchè rinnovellandosi la giornata sì fausta a' borbonici gigli del 44 del passato, secolo, la buona disciplina vinse il numero e l'audacia, e percossi e insanguinati fa ristare gli assalitori; i quali ebbero a veder ritratto in ordine e senza danno quelle armi, cui già si promettevano veder disfatte e prigioniere. Ricorderanno gl'Italiani, se nello avvenire la nebbia de' parteggiamenti civili non farà velo agl'intelletti, come il Re siciliano la spada brandisse a difesa di quella religione e di quel sacro seggio che sono l'ultima italiana grandezza che ne avanza. Ma se il parziale accordo del General di Francia col nemico, imponeva al pio Re di lasciar quelle terre, altro e più santo dovere comandava all'armi nostre il distendersi sulle frontiere a difesa del reame.

Impertanto ordinato un corpo di esercito per tanto obbietto, il dì 25 era posto a capo della 1.ª Divisione di esso il maresciallo Nunziante, richiamato appositamente ed a segni di telegrafo da Palermo. Nè è da dimostrare quanto onorevole per lui si fosse cotal uffizio; allora quando la scelta di lui lontano, e da un Re maestro di cose guerresche, e in tempo di pericolo, e quasi col nemico a fronte, appalesano in quale estimazione il Re e l'esercito s'avessero l'ingegno suo; perchè soprattutto in tempi di pericolo gli uomini valenti sono tenuti in pregio e adoperati.

Ma, ecco, la sorte gli mostra un novello alloro, e mostrato gliel rapisce. Quel Garibaldi che del fallato colpo a Velletri volea parer di gloriarsi come di vittoria; e che aveva bensì, come è usanza de' sollevatori di popoli, gran fede nelle subite rivolture del reame, si lancia con rapida e ardimentosa scorreria entro a' nostri confini, e appresentasi la sera del 26 maggio in Arce, ove non eran armi a respingerlo. Al mattino il nostro Generale ne ode in Mignano la venuta, e preso dal generoso pensiero di troncare a un tratto con la prigionia di quell'avventato uomo i nervi alla romana rivoluzione, rapidamente gli move incontro co' suoi battaglioni stanziati in S. Germano, e vuole che le altre schiere dall'Aquila lo assalissero del pari. Ma presago de' suoi danni e bene avveduto il Garibaldi, il quale, non che cooperanti, nimichevoli sperimentate avea le popolazioni, non istette alla posta; velocissimamente per la via di Valmontone isfuggì da quella rete ch'era per circondarlo, e salvo riparò il dì 29 in Roma, dopo avere a maniera di bandito tocco di furto e per un giorno solo il territorio del regno. Allora al nostro Duce col gradimento di vedere libera di piè nemico la frontiera a sè confidata, mescevasi il dispetto del fallito scontro con quell'audace campione delle italiane sommosse, il cui nome per le trombe de' liberi giornali era a quei dì, altamente gridato a cielo e magnificato. De' casi seguiti nulla io dirò. Narrerà la storia come il Nunziante creato Duce supremo travarcasse il confine con tredicimila soldati, e scacciate le bande repubblicane, la legazione di Frosinone in terra pontificia occupasse; e come a Piperno sedesse a convegno col General Cordova spagnuolo, erede del nome e del valore del gran capitano. Narrerà come fiaccata in Roma dalle francesi armi la gridata repubblica, ei per accordi seguiti in Gaeta, ritraessesi nel reame; e come partendo s'avesse attestati di devozione e simpatia da quei popoli, e come graziose lettere di stima e d'amistà seguissero fra il Cordova e lui in quell'addio militare che l'uno all'altro duce inviava. Fatti sono questi di civil gentilezza, che più delle soldatesche imprese sarien di lode fecondi; se non che soverchia mole e gaiezza darebbero a questo discorso, che sol rammenta le virtù d'un trapassato per versar sul suo sepolcro le lagrime del dolore.

E ben si versarono lagrime per la improvvisa passata di questo uomo; il quale massime negli ultimi anni di sua vita, quasi preveduta breve se l'avesse, acconciò l'animo a tanta misura di pietà e cortesia, che parve il facesse per rendere più dura e sconsolata altrui l'amarezza d'averlo a perdere. E se ne fece esperimento a questi passati anni nelle Calabrie e nella Basilicata; ove ito nel 1849 comandante territoriale, dopo tanta tempesta di rivoluzioni e d'odi privati e politici cozzanti, e fra tanto minio di brigantaggio, che nelle fortunose vicende di quelle contrade fa sempre prò della cosa altrui, ei seppe con una maravigliosa unione di fortezza e di pia carità ritornar la calma agli animi ed alle cose, e riporre l'angelo della quiete e del perdono là dove il demone sedeva delle sommosse e delle vendette. Imperocchè perseguitando con instancabil braccio le numerose comitive de' malfattori, e da ogni loro rifugio iscacciandole, nè mai con esso loro patteggiando, altri caddero ne' conflitti, altri furon presi, e i più nella discrezione di lui si confidarono; ond'ei giunse ad estirpare affatto il brigantaggio dalle Calabrie, che altra fiata, sebbene dalle vincitrici arme di Francia perseguitato, e tante lagrime e sangue innocente costasse, pur domo fu ma non ispento. Per lui ritornava la sicurezza ne' campi, ne' boschi e nelle città. Non più il mandriano trepidava pe' suoi buoi, non l'agricoltore per le biade, non più il possidente temeva il foco struggitore con furibonda ira al tetto paterno lanciato, non le madri per le care vite degl'innocenti fantolini vivean tremebonde, nè la sposa fidanzata vedea più rapirsi dal sospirato talamo il giovane promesso, per ricattarlo dappoi dalle sanguinarie mani de' banditi con l'oro de' suoi ornamenti. Le Calabrie riposano nella pace della civil società rialzata. Che se con una mano egli sperpera e sradica i briganti, con l'altra raccomanda i traviati e i pentiti alla clemenza del Re clementissimo; ed ottiene che niuno per colpe politiche, là dove siffatte colpe eran tante, perseguitato fosse a morte. Laonde ordina rubriche di colpabilità: alle men gravi fa conceder piene perdonanze, sollecita per le maggiori le sentenze imparziali de' giudici; di sorte che nè le carceri eran carche di delinquenti, nè impunita o trionfante la grave colpa appariva. La potestà somma del governo nelle mani di lui, raggiungendo lo scopo insieme della giustizia fatta e della clemenza adoperata, partoriva le benedizioni de' sudditi pel Monarca; la cui pia volontà si bellamente interpetrata, leniva gl'inevitabili mali che le ree sommosse soglion tramandare.

Ma ahimè! fatale esser dovea quella dimora nelle Calabrie: che già sin dal primo anno 1849 le febbri intermittenti lo assalsero, e se nol sopraffecero allora, malmenata ne rimase quella sua robusta salute che mai più valida tornò. E pertinacemente quelle febbri, abbenchè dome da' farmaci, ricomparivano con la novella stagione; e lui sempre più fievole rendendo, gli ultimi due anni di vita gli fecero molesti e travagliosi. Eppure in quel viso baldo ed aperto, in quelle rosee guance ancor giovanili, in quella persona elevata ed appariscente, rimaneva ancora tanta sembianza di vigore che niuna dubitazione destando in altrui di vicino danno, assicurava la fallace speranza d'aver molti anni l'esercito a godere di lui. Ma quando men lo si pensava avean quelle apparenze a mancare; e in sul finire dell'ultimo novembre ei ponevasi in quel letto dove morte acerba rapirlo dovea. Una ferita alla sinistra gamba, rimarginata da oltre a venti anni, riaprivasi a un tratto; e in pochi dì inacerbandosi, tutto del suo letal veleno il comprese; e lo spense la notte del 3 al 4 dicembre, l'anno cinquantesimo dell'età sua, e 'l cinquantunesimo del secolo. Ahimè! come dirvi potrei le angosce di quelle ore estreme, in quella casa dove dianzi ogni cosa era letizia e pace e tranquillità? chi narrerà com'ei dato l'animo alla religione, ne accogliesse lieto i dolci conforti, e con la pace del giusto che sa di volare al premio meritato? chi de' giovanetti figli, pria fastosi di tanto genitore, enuncierà i singulti intorno a quel letto d'ond'ei benedivali l'ultima volta; e chi della giovanissima consorte potrà raccontare l'affanno inenarrabile a quel vedersi mancare come tocco dalla folgore tanto amico e tanto sposo? Ahi! che niuna eloquenza tanta sventura pingerebbe? ma più d'ogni eloquenza disselo il pianto di Napoli tutta, che in quelle mura dolentissime mandava ad ogni ora quanti di più nobili e pregiati uomini s'avea: dicelo il rammarico de' Calabresi che il perdettero reggitore, dicelo il lutto universale che non è già un dolore di costumanza, ma un gemito profondo che manda l'esercito e la nazione alla memoria d'un bravo soldato; d'un onorato cittadino e di un suddito fedele. Piangiamo noi sulla sua tomba; e con noi la milizia piange un capitano, la società un gentil cavaliere, la religione un leale seguace della Fede. Piangono gl'infelici che tanto soccorritore han perduto; piangono sul suo feretro le virtù che perdettero in lui chi le faceva più belle; la prudenza, la modestia e la fortezza sue doti principali piangeranno per sempre, che niuno più di lui le onorerà; e su quel feretro piange la nostra patria che perde un propugnacolo egregio che la faceva lieta e rispettata, e che aggiunta aveva un'altra fronda a quella corona che gli antichi uomini in più gloriosi tempi le intessero.

Signori, s'è bello essere eroe, più bello è essere virtuoso: l'eroe si ammira, la virtù si ama. All'ammirazione fa contrasto l'invidia che punge ed affanna, all'amore tutto arride od allieta. Ed egli fu allietato dall'amicizia, dal rispetto e dalla estimazione de' più; allietato dal filiale affetto di maschia e vaghissima prole, dalla domestica contentezza, da modesto ereditato retaggio; e fu allietato dal possedimento di Giuseppina Gaetani Aragona, de' Duchi di Laurenzano, la quale quindici anni gli fu sposa e compagna. Onoravalo il suo Re, onoravanlo chiari uomini stranieri, e le accademie che a socio il domandavano, ed i Monarchi europei che d'insigni ordini cavallereschi gli fregiarono il petto. Così la provvidenza gli die' ricompensa, e su questa terra d'affanni gli die' felicità; perchè la felicità terrena è l'esser pago di sè e degli altri, e che gli altri sien paghi di sè. La virtù, questo sole dell'uomo che ha la buona coscienza per emisfero, tutto de' suoi raggi coperselo, e il fe' vincitore dell'invidia e del tempo, e manderà il suo nome a' nipoti scarco d'ogni nube che l'invidia suole gettar sull'eroe.

Spento egli è, ma dalla sua tomba si alza una voce solenne. Colà dove l'uomo è ito fuori del tempo, nell'abisso dell'eternità, dove la grandezza è polvere e la bellezza è cenere; dove il fragore de' mondani onori s'ammuta in eterno silenzio, colà per noi risuona una voce tremenda ed altissima: Uomo, sei terra. Sinchè Dio tiene in questa terra il suo soffio, essa movesi piena d'affetti e baldanza; ed impera negli uffizî, e comanda negli eserciti, e ammaestra ne' ginnasi, e s'aggira nelle città; ma quando Egli l'altissimo soffio ritrae, quella terra cade, dispare obbliata nelle glebe de' campi, e sin la memoria di chi fu sommo e laudato si disperde ne' vortici dell'immenso tempo che tramonta, perchè tutto tramonta quaggiù. Soltanto la religione, questa disvelatrice de' futuri segreti, dischiude un varco all'anima immortale, indirizzandola nelle braccia del Signore, donde uscì, e dove la letizia più non tramonta, e s'ineterna.

Napoli, 10 Febbraio 1852

DISCORSO
PE' MORTI
NELLE GIORNATE DEL VOLTURNO
DIFENDENDO IL REAME

SCRITTO PER LE ESEQUIE COMMEMORATIVE
IL 1.° OTTOBRE 1861
IN ROMA

Edizione di riferimento: Roma 1861.

Chi mai sforzava l'Onnipotente a uscire del sacro silenzio che circondava il suo trono immortale, e a trarre dalla notte del caos questo immenso universo? qual virtù lo moveva a evocar gli esseri dal nulla, e a lanciar nell'umana creta il suo fiato animatore? qual desio gli faceva creare le tante naturali bellezze di questo terreno paradiso? Oh! fu la infinita sua bontà, fu l'amore, fu il pensiero d'aver enti fuori di sè, che pur fossero felici e il benedicessero in eterno. La bellezza era la forza del creato, la felicità degli uomini era il fine del creatore. Ma ahimè! il peccato insozzava la terra; e l'uomo insultando al suo autore lasciò all'umana famiglia il retaggio del delitto e dell'avversità.

Signori, l'ingratitudine con le luride ed ampie sue ali copre ogni contrada, l'uomo fu ingrato al suo Dio, e maraviglieremo vi sieno ingrati al suo re? La patria nostra, dalla quale andiam lontano esuli e raminghi, era buona, era bella, era il sorriso del Signore; la provvidenza la faceva abbondante e prosperosa, lieta e tranquilla, e gaia e felice; ell'era il sospiro delle anime gentili, l'amore d'ogni cuor virtuoso; aveva leggi sapienti, morigerati costumi e pienezza di vita; aveva eserciti, flotte, strade, industrie, opificii, templi e reggie maravigliose; aveva una stirpe di principi clementi, ultimi rampolli di S. Luigi; aveva il giovine re Francesco, figlio della venerabile Cristina, nato napolitano, dal cuor napolitano, buono, soccorrevole e pio: niuna cosa mancava alla nostra patria; e forte ell'era e rispettata. Ma fatale era tanta prosperità: l'invidia, l'ateismo e l'ambizione congiurarono insieme per abbatterla e spogliarla; evocarono dall'abisso l'arti nefande della calunnia e della corruzione; e con lento decenne lavorio un'opra prepararono, la cui reità era ignota alla storia, e farà forse spavento alla imparziale posterità.

Quella setta che da ottant'anni va minando i troni e gli altari, guadagnava a' nostri tempi un re, nato re, nato cristiano e cattolico, di quella già religiosa e magnanima stirpe Sabauda che ha la croce nello scudo; e fattolo suo sin dall'infanzia, e guasto per ipocrite lodi e plausi indecorosi, con reo consiglio, il rendeva delle sue nere aspirazioni vittima e strumento. Il Piemonte co' suoi ambasciatori sparse fra noi il veleno delle sette; corruppe con oro e promesse i duci e i ministri napolitani; metteva in arme sulle genovesi terre un capitano di ventura, al quale con bugiarde magnificazioni avea preparata immeritata rinomanza; gli dava oro, navi e bandiere, gli dava seguaci d'ogni nazione e d'ogni linguaggio, e il lanciava famelico e sitibondo sulle nostre terre felici. Nè basta: disprezzatore del sacro dritto delle genti e de' più solenni trattati, esso stesso armata mano, con folti battaglioni, senza dichiarazione di guerra, anzi senza cagione di guerra, si precipita come la malvagità negli stati della Chiesa; opprime col numero e con la sorpresa il Vicario di Dio; e scende rumoroso alle nostre spalle, allora appunto che l'eroico monarca delle Sicilie sulle rive del Volturno era per ischiacciare l'orde del baldanzoso avventuriero. Si vantavan liberatori, eppur con essi era il fuoco, la morte, il saccheggio, e quanto ha di più nefando e selvaggio l'opera brutale della rapina. Così Attila, Genserico ed Alarico, già molti secoli innanzi, avean devastate queste terre istesse; ma quelli antichi barbari, il cui dritto era solo la forza, non usarono l'arti del mendacio e della frode; e certo le avrebbero essi con disdegno e raccapriccio respinte. L'aggressione degli Attila è sublime nella sua atrocità; l'atrocità de' Pinelli e dei Cialdini è ipocrisia avida e codarda.

Oh questo tumulo, questo simulacro di morte, questi cerei che splendono mesti nel sacro tempio ove n'è permesso d'orare sulla terra dell'esilio, queste funebri preci quali ridestano al pensiero lugùbri rimembranze! Campi insanguinati, tuonanti cannoni, scintillar di spade, scalpitar di cavalli, squille di trombe incitatrici, gemiti di moribondi, fremiti feroci, e schiere di combattenti nati sulla stessa italica terra, lanciarsi rabbiosi l'uno contro dell'altro, a dar morte o a morire. Quelli sono gli adepti delle sette di tutto il mondo, accozzati insieme in nome del traviato monarca, per manomettere un bellissimo e tranquillo paese; questi sono i difensori della patria assalita, i fedeli al patrio trono, che pugnano pel loro re, per la terra de' padri, pel dritto, per la religione, per le mogli e pe' figli. Di là è un marinaio, da preventiva malizia lunghi anni celebrato; di qua è un giovine prence, cresciuto nella reggia, abborrente dal sangue, che pur con la nuda spada nelle mani, dove la inesorabile morte infierisce, si va dimentico del proprio periglio aggirando, per dar animo ai suoi fedeli soldati. Con esso sono guerrieri onorati, patrioti pugnanti per la fede; con quello sono traditori, già educati a spese regie in pubblici ginnasii, che ora vestita la rossa camicia, pagati dallo straniero, puntano i patrii cannoni contro i petti de' loro fratelli; sono disertori che combattono la abbandonata loro bandiera, contro il sovrano che li avea beneficati, e contro la terra che da fanciulli li avea nudriti; sono mercanti che per basse mercedi, stretto il patto con uomini ignoti parlanti barbare lingue, senza ritegno, senza rossore, lanciano colpi spietati e fratricidi per lo asservimento della patria. E, oh sfrontata malizia! tutti questi aggressori vestono gli empii fatti con isplendide parole. Con la parola della libertà nascondono l'ingratitudine e l'ambizione; in nome dell'Italia subbissano l'Italia; gridano civiltà, e uccidono e devastano; si chiaman liberatori, e portan le catene; ostentano il progresso, e abbruciano monumenti e città; e parlan di scienza quando tutte l'arti belle fan deperire ed abbattere. Oh ipocrisia! oh mendacii! Ma la menzogna è come strale vibrato, che, fallito alla meta, è volto addietro da un Iddio, e percuote il vibratore.

E la vittoria, questo bel premio del valore, perchè non fermava le ali sul vessillo del dritto? Perchè riuscivano indarno tanti perigli corsi dal magnanimo re, e da' conti di Trani e di Caserta e di Trapani, principi reali? perchè inutilmente era preso il forte passo di S. Angelo, e si conquistavan cannoni e carri e munizioni? perchè senza pro si combatteva a S. Maria, si vinceva a Maddaloni, e si ricacciavan le camice rosse giù pel Tifata insanguinato? perchè si investiva e guadagnava il castello di Morrone, e poi senza cagione si retrocedeva? perchè due animosi battaglioni sin dentro la regal Caserta penetravano, e non eran seguitati? perchè in più luoghi spenti cinquemila inimici, e il resto fugati o depressi, non si stringeva nel pugno la conquistata vittoria? Perchè la fuga de' vinti si mutava in trionfo? Perchè non si corse a Napoli indifesa, e sospirosa del suo re? Ahi! si dirà forse pel concorso d'artiglieri delle inglesi marine? o pel sopraggiungere di fresche milizie piemontesi; o pel retrocedere inesplicabile di qualche generale; o l'ignoranza, o la reità, o la viltà di pochi rendeva vano tanto valore? Oh Dio, che sei l'assoluta verità, tu disnebbia gli occhi umani; tu fa che la storia dica a' posteri il vero, e le sventure de' padri sien d'ammaestramento a' nipoti! Giorno memorando sarà il 1.° ottobre 1860: la Campagna Felice, dopo la disfatta di Annibale, non avea più tanto sangue su quelle stesse zolle in battaglia bevuto. Il sole che pur vide tante umane stragi, velò di nubi la sua faccia. Per lunghi anni il bifolco scoprirà con l'aratro le ossa mal sepolte di sventurati fratelli.... E dove, dove saranno ora disseminate le ossa del colonnello la Rosa, e de' giovani uffiziali Giordano, Won Michel, de Mellot, Cioffi, la Faia, e di tanti altri caduti?... Dio di misericordia, benedici tu l'anime di quei generosi: essi dettero l'addio al mondo e alla patria, nella gagliardia della vita, nell'età della speranza, forse non preparati al tremendo passaggio... Dio di pietà, deh copri con l'ali immense del tuo perdono quell'anime brave, che perdettero i corpi, difendendo il dritto, la ragione e la Fede! deh, tu gli accogli nella schiera degli eletti! pietà, pietà per essi, o Dio di misericordia...

Nè fu solo il 1.° ottobre. Già dal 19 settembre si combatteva sotto le mura di Capua: il 21 Caiazzo era presa e ripresa con le baionette, presenti i reali principi conti di Trani e di Caserta; Piedimonte ed Isernia sanguinosa cadevano nelle nostre mani; il Garibaldi stesso ferito cedeva il comando a quel Cosenz, ahi napolitano, già dalla sovrana clemenza educato, e pur traditore! Una seguenza di combattimenti, avevano schiacciate l'orde rivoluzionarie; il reame si riconquistava, doma era la setta europea, trionfava il dritto e la religione. — Ma quali schiere scendono giù dagli Abruzzi? quanti cavalli, quanti cannoni si avanzano dalla banda opposta del Volturno? chi sono queste nuove orde d'assalitori? Forse camice rosse? forse Abruzzesi in rivolta? sono disfidati nemici, o locuste che corrono all'odore della strage? Ah no! mirateli in volto: han la croce sabauda per vessillo, sono battaglioni d'un re non offeso, d'un re amico e parente, d'un re Savoiardo che si lanciano a ferire alle spalle il figliuolo di Cristina di Savoia. Anzi meglio è la rivoluzione armata in falangi, che viene a dar la mano alla rivoluzione in massa, omai giacente e sconfitta; sono i Cialdini che aitano i Garibaldi; è la bugiarda libertà che porta le catene a una generosa nazione; è il Piemonte che vola a conquistar le Sicilie!!

Non mi dilungo, o Signori, a rammemorare come pel doppio assalimento si dovesse abbandonare la schiera del Volturno; non dirò la pugnace ritratta di Cascano, dove la prima volta il nemico era rotto, nè lo splendido fatto d'arme del Garigliano che copriva di cadaveri alpigiani il campo circostante, ahi troppo a caro prezzo, per la morte del valoroso general Negri, combattuto. Neppur noterò come i fuggiti s'aitassero con l'inganno delle flotte; e come gli stessi napolitani vascelli lanciassero a salvamano piemontesche bombe sul nostro campo indifeso. Nè racconterò di Gaeta, di quell'assedio che ancora rimbomba, per tutta Europa, e che sarà per isventurato valore memorando; assedio che mise la corona di gloria sul capo del perditore; che die' al mondo lo spettacolo d'un pugno di fedeli a regger soli e a morire pel suo re; lo spettacolo d'un re che tutto lascia, la città capitale, le reggie, le armi, le ricchezze, ma non l'onore; che combatte, non pel trono ma per la patria; lo spettacolo d'una eroina che sfida la morte, e imperterrita con la voce, con l'aspetto, e con la mano propugna la sacrosanta causa della sua patria adottiva; d'una regina, d'una sposa, d'una giovinetta che riempie l'orbe di maraviglia, e diventa l'ammirazione dell'anime generose, che ancora in tanta nequizia di fatti, tengono in venerazione l'opere belle ed eminenti.

E a che valsero tanti atti d'annegazionc e di bravura? a che i disagi e i patimenti? a che tante morti per ferro e per tifo? perchè soccombettero i buoni generali Sangro, Traversi, S. Vito, e Ferrari, ed altri molti colonnelli e uffiziali? Una nuova invenzione di cannoni investiva la piazza a tre e più miglia distanti, e faceva parer prodi quei Piemontesi che non osavano accostarsi, e che sicuri ed a desco il fuoco micidiale ordinavano. Così Gaeta, disuguale per arme, rovesciata sotto le ruine, per l'infierimento di luride malattie, pel mancanza di farmaci e d'ospedali, per le compre fiamme delle sue scoppiate polveriere cedere doveva...

E voi, soggiaciuti ad assalimenti inaspettati, domi da una guerra ingiustissima, vittime di tradimenti da più lustri preparati, voi che perdeste le care vite per la difesa della bandiera de' gigli, voi che non poteste impedire il servaggio della patria, voi avete finito di penare, o anime belle. I nomi vostri, quando il Signore avrà deposta l'ira sua, e nella sua imperscrutabile giustizia avrà voluto il trionfo del dritto, i nomi vostri scolpiti in marmi saranno eterni quanto la virtù, saranno l'orgoglio de' vostri casali, l'emulazione d'ogni soldato, la venerazione della posterità. Oh prodi! se accanto al trono dell'Onnipotente si può più gioire per cose terrene, gioite per le pietose lagrime nostre, per la nostra riconoscenza, e per queste sacre e pubbliche preghiere in questa Roma ospitale de' Pontefici. Gioite, o valorosi: la virtù non è un vano nome; essa sventurata è più bella; essa caduta quaggiù, trionfa in eterno.

Ma oh Dio! qual è lo stato del miserando reame? Una voce di orrore si eleva da tutte le parti della terra. Non più dritto, non più leggi, non più pace, nè prosperità: le industrie sono cadute, il commercio è estinto, la sicurezza è fatta ignota parola. Han saccheggiate le nostre case, han bruttato le reggie di ogni sozzura; i nostri monumenti li han mutilati, esaurito han l'erario, distrutto l'esercito, rubata la flotta, dispersi gli opificii, deserti i collegi, le accademie e le università. Han gettato alla via centomila famiglie d'uffiziali militari e civili, or morenti dalla fame; han cacciato da' loro tugurii i pacifici contadini, han vietato di fatto la cultura de' campi, han riempiute le carceri e sin le sepolture di uomini viventi, rei soltanto d'odiar lo straniero oppressore. Per colmo d'oltraggio ne sforzarono co' pugnali sugli occhi a porre dentro bugiarde urne raffermazione del nostro servaggio; ne costrinsero a far feste e luminarie, e a dar denari e plausi per le nostre catene. Ne han legati i polsi e le dita con ferrei ordigni novelli; ne han percossi, fischiati, insultati, pugnalati impunemente; ne han messi sotto gìudizii interminabili; ed anzi senza giudizii, senza pietà, ogni giorno van fucilando per le vie uomini innocenti ed innocui, e sin le donne son passate per le armi. I mariti son rapiti alle spose, son le consorti a' mariti involate. Le vecchie madri si veggono strappar dalle braccia i cari figli. Han bruciato i nostri villaggi, bombardate le città; e gli abitanti, quali nelle fiamme delle case loro con le baionette per morire respinti, e quali scampati, scalzi, nudi e tremanti muoiono di fame, di freddo o di stento ne' monti e nelle grotte. Miseri! e dove sono più Monteverde, Barile, S. Marco, Rignano, Spinelli, Carbonara, Venosa, Montefalcione, Auletta, Viesti, Basile, Pontelandolfo, Casalduni, Cotronei, e altri molti villaggi or fatti ceneri e macerie? Miseri! e dove tanta ferina barbarie porrà fine? e quando si desterà la giustizia di Dio?

Ma peggio: quei rigeneratori, con osceni esempi di turchesche deboscie, con nuovi libri, con immagini, con statue invereconde attentano al pudore e al costume. Con uffizi e titoli e croci cavalleresche premiano ed onorano i traditori della patria e del re; e quasi ponendoli a modello fanno appello a basse ed anarchiche passioni, e incitano i popoli alla ribellione e al tradimento. E ch'è mai, ch'è mai per essi la religione di Cristo? Spogliato ed offeso il suo vicario in terra, pongono in ceppi ed esiliano i cardinali di santa Chiesa, i vescovi, i parrochi, ed i preti; elevano scismatiche chiese, danno per le pubbliche vie quasi in dono le bibbie protestanti, e deridono i miracoli de' nostri santi. Nulla per essi è sacro. Carcerare, esiliare, saccheggiare, abbruciare, fucilare, queste sono le arti, dove son valenti ed audaci; qui, contro gl'inermi, le donne e i prelati sono forti questi codardi incenditori delle innocue città napolitane. E le civili nazioni assisteranno impassibili ancora a tanta satanica tregenda? E la generosa nazione che soccorreva i lontani abitatori della Siria, or lascia sgozzare impunemente sulla vicina italica terra i cristiani d'Italia?

Ma i monti... Oh i monti! questi naturali baluardi, dove han l'estremo rifugio l'amor della patria e della Fede; queste Asturie dove Spagnuoli novelli sfidano la baldanza de' moderni Mori piemontesi; gli Appennini... non osano i tiranni guardarli neppure. E che! voi appellate briganti i popoli che piglian l'arme per la difesa de' figli e delle spose, per la terra dove sono nati, per l'ossa degli avi cui sin nelle tombe insultaste? Sono briganti i cristiani che vogliono restar fedeli alla religione de' padri? i sudditi che chiamano il loro re? Sono briganti? E voi, compratori di tradimenti, svergognatori di questa Italia cui nomando insultate, voi percussori del santo Pontefice, voi che veniste stranieri a cacciarne dalle nostre case, chi siete voi? Ah! voi siete gli eroi di Castelfidardo e di Gaeta, i prodi da' cento contro uno, voi i chiamati da' plebisciti garibaldini; voi siete gl'italiani che vendeste le vostre Alpi per usurpare le pianure degli altri; voi i fucilatori e gl'incendiarii in nome del progresso e della civiltà. Ah si! il delitto prosperoso si cinge di lauro la fronte, e si appella virtù... Ma v'è Dio!

Si, Dio già innalza la mano soccorritrice degli oppressi. Le ore de' tristi sono contate. L'umanità tutta li maledice; l'Europa non compra li condanna; anco i cuori più duri si commuovono; e l'ira tremenda d'un popolo offeso nelle sue più sacre affezioni già già scoppia e colpisce. E se le immutabili leggi dell'eterna giustizia non ancora han perduto la loro forza, se v'è ancora una provvidenza che presiede agli umani destini, sarà punita la cruenta cupidigia; i nostri dolori finiranno; e questi prodi estinti saran vendicati, e avranno su' loro sepolcri un lauro che non morrà.

Ma seguiteranli altre vittime? Noi che ospitati qui dal vicario del Dio della carità; noi che in questo rifugio possiamo ancora deporre un lagrimato fiore su quel tumulo pietoso, avremo tutti la sorte di superare tanti mali? o che altri ancora tra di noi cadranno immolati? quanti di noi patiran forse esilii più lunghi e morti premature? Ma il patire e il morire non sono un male; un male è l'essere ingiusto; e questo male l'avranno in eterno i nostri nemici, ancora che trionfanti. La Fede è imperitura; l'usurpazione come la tempesta è transitoria. Si, rivedremo i nostri cari monti, le nostre campagne benedette, le incontate sponde delle Sirene; finirà questo esiglio, ritorneremo a' paterni focolari, riabbracceremo le spose, ribaceremo i figli nostri. Noi su queste braccia riporteremo il giovine re nella sua reggia di Napoli; e per lungo tempo ancora ammireremo sul trono di Carlo terzo la eroica coppia che dallo scoglio di Gaeta dava a' popoli e ai monarchi lezioni di valore e di costanza. Un'era novella di pace, di giustizia, di prosperità è per seguire; e questo fuoco stesso di tante sventure ne sarà giovamento; perchè Iddio, fra gl'inenarrabili suoi benefizii, manda all'uomo anche le avversità, perchè gli sien di forza e di emenda.

L'ITALIA E IL SUO DRAMMA POLITICO
NEL 1861

Edizione di riferimento: Bruxelles 1861.

Os justi meditabitur sapientiam.

I.

Al giorno d'oggi d'ogni parte risuonar si sente il grido dell'unità, e sembra a primo aspetto che tutti cospirino ad aggiugnere questo fine supremo, col quale si spererebbe porre un termine a tanta guerra civile che da più di mezzo secolo, quando più quando meno si è veduta accendere per opera di segrete cospirazioni nelle diverse epoche delle rivoluzioni.

Però la parola *unità* fra i tanti partiti che oggi specialmente han vita, da due vien considerata sotto il vero aspetto, dal primo che chiede *unità assoluta*, e costituisce gli *unitarî*; e dal secondo che vuole *l'unità politica*, e sono i *federalisti.*[1]

Il partito degli unitarî assoluti che vuole l'Italia una sotto di un solo scettro, fatigò per aggiugnerne il fine molti e molti anni, ed oggi che con arti subdole, con ingannare i popoli, con comprare a prezzo d'oro i Consiglieri dei Re che furono infamemente traditi, con dissolvere quelle armate che avrebbero addimostrato, come non si derida della buona fede dei popoli, giunse a spezzare il legame d'ogni pubblico e privato diritto, a calpestare la ragione del gius politico e ad insediare un novello proclama (il quale non è che corollario del patto sociale di Rousseau travolto in mille forme), oggi che gli venne fatto con un plebiscito ultimato con arti nefande, con promesse bugiarde, con infinite declamazioni scrollare i troni dei Re, ed annetterne i Regno al più

[1] Parlandosi di federazione l'autore non intende entrare in discettazione sulla probabilità od impossibilità di essa, ma dichiara di averne dovuto esaminare il solo sentimento, forzato dall'argomento storico della rivoluzione.

piccolo degli Stati d'Italia, al Piemonte; vedendo dinanzi ai suoi occhi sorgere insormontabile barriera nella inflessibilità delle Potenze Nordiche che non vollero mai riconoscere il novello Regno creato dalla Rivoluzione e non dal sentimento unanime dei popoli, s'arrabatta a tutt'uomo per potere ad ogni costo proseguire l'opera della distruzione dispregiando ed affrontando ogni pericolo, manomettendo ogni legge ed ogni diritto.

I federalisti al contrario che vogliono l'unità politica, prendono le mosse dallo stesso principio, ma rispettando il diritto costituito vogliono il fine con vie legali, con modi plausibili. A tal partito appartengono tutti gli uomini onesti, coloro che sentono in sè non bugiardo patriottismo ed agiscono con vero spirito di libertà moderata senza mai disgiungerlo dal fine precipuo che è il bene e l'immegliamento del proprio paese.

Egli è indubitato che ogni eccesso è a riprovarsi in fatto di politica essendo sempre in opposizione così alle divine, che alle umane leggi; così al diritto di natura, che al sociale; per cui se è deplorevole un assolutismo nel pretto senso della parola, è deplorevole viemaggiormente la tirannide di un governo rivoluzionario, poichè se l'assolutismo tirannico, che finora in Europa non ebbe mai vita (se pure non volessimo ricopiare le ampollosità bugiarde di qualche autore moderno che si vanta scrittore di Storia ed i fatti snatura e mentisce) lede i diritti che affratellano Principi, e popolo; la rivoluzione degenerata in anarchia merita biasimo e riprovazione e deve scongiurarsi come il male supremo che sopravenir possa alla Società, poichè nello stadio di essa non ha vita che stato anormale, in cui il diritto sta o nella prepotenza o nella forza bruta.

I federalisti che desiavano in fatti di politiche istituzioni uno slargamento, specialmente in riguardo all'inviolabilità delle persone e del domicilio, videro, che necessaria indispensabilmente si rendeva l'*unità politica* negli Stati d'Italia; avvegnacchè in questo modo si sarebbe ottenuto il duplice scopo e di togliere ai reggitori ogni mezzo per ritornare la politica all'assolutismo, e per chiudere ogni adito alla rivoluzione, che come la bestia di cui parla Dante *dopo il pasto ha più fame che pria* – E con ciò essi sostenevano il Dritto Divino, rendendo inviolabili i Troni, obbligando però nello stesso tempo i Principi con scambievole soggezione a rispettare le concessioni che avrebbero date ai popoli, ed assicuravano a questi quella libertà moderata, che avrebbe fatto rifiorire gli Stati d'Italia per commercio, per arti, per scienze e per industria; per imponenza insomma fisica e morale di questa terra gloriosa, che sarebbe stata di gran peso nella bilancia della politica Europea.

Parlando la parola della verità lealmente come me le detta l'anima, e come emanar si vede dallo stato delle cose in cui verte la nostra povera Italia, io mi auguro che sarò per incontrare le simpatie dei veri patrioti. Se errassi, sarei pronto a correggermi e render grazie a chi mel facesse. Nelle presenti contingenze la libera discussione delle proprie opinioni può formare la salute degli Stati, poichè con essa solamente si vagliano le sorti dei popoli: chè se al contrario seguissimo la maledetta costumanza d'intingere la penna nel veleno, e ci salutassimo con la lama del coltello, con le minacce e con la forza bruta, non avremmo fatto che prendere non più una sola, ma cento catene e legatecele al collo darle in mano al primo che incontrassimo per via pregandolo di trascinarci ove meglio gli piacesse.

Qui però è duopo che anticipatamente dichiari, che quando dico volgere il mio discorso ai patrioti, non intendo, come non ho inteso mai di annoverare fra essi quei mestatori, che meglio saria chiamare Giani della politica, i quali nemici d'ogni pubblico bene, nemici d'ogni principio di qualsiasi diritto, han chiesto la rivoluzione e l'hanno ottenuta non pel fine di patriottismo, ma per sbramare loro inique vendette; per legalizzare il furto, le rapine, le morti, gl'incendî, le uccisioni; per esterminare con illegale procedimento ogni salutare istituzione del proprio paese, e ridurlo ad uno stato di deplorevole politica miseria, scheletro respirante appena per fame. Costoro, gente sù cui la penna dello storico del presente secolo graverà, come la mano di Dio gravò col dito di fuoco sulla fronte del primo fratricida l'impronta della maledizione, a simiglianza dell'upupa, che fa il suo banchetto di sangue nel campo dei morti, banchettano proditoriamente sugli esanimi corpi delle patrie loro, e ricchi di preda e di bottino credono che al loro grido *Viva l'Italia* (che oggi nelle nostre orecchia risuona egualmente, che morte civile, morale, e materiale dei popoli) si dovesse ancora essere tanto illusi da prestar fede alle loro inique parole – Sciagurati son essi che la rivoluzione stessa ha smascherati dando ai popoli il grande insegnamento, che la rivolta contro il principio divino dei Re è il più terribile dei mali che possa piombare sulle società, è il fuoco che distrugge beni, vita, istituzioni e prosperità dei popoli.

Essi sono quei tali che costituiscono la consorteria, e minando la pace dei Regni Italiani patteggiarono anticipatamente la lor parte di bottino. Da tutti i Paesi dell'Italia se ne vide sorgere qualcuno. Ma le Marche, il Fiorentino, il Lombardo, e gli altri piccoli stati non diedero nomi come quelli che sventuratamente diede la miserrima Napoli, e non son pochi, i quali giunsero fino alla sfacciataggine di dire e scrivere dopo aver rubata, saccheggiata, espoliata, ed avvilita la propria patria.... *Siam giunti a ridurre di Napoli una Provincia* (sic). Le Nazioni giudicarono di essi, e su di loro posa tremenda la voce dell'Europa tutta.

II.

Vogliamo Italia una ed indipendente: è il loro motto d'ordine che da quattordici mesi in quà fanno strombazzare dai loro satelliti. Tale desiderio, dicono, sarebbe per compiersi, quando cioè, dopo aver pacificato lo scontentamento dei popoli, massime del Napolitano, sarebbe per aversi a Capitale del neonato Regno, *Roma* la Città dei Cesari, e dei Titi, la Città eterna dei Pontefici, da cui si spandono, e son diciannove secoli, i raggi benedetti del Sole divino di una Religione di carità e di amore fondata col sangue di un Dio e sostenuta dalle promesse di un Dio – Ma questa era un desiderio e null'altro. Tra gli uomini della rivoluzione alcuni che agirono per inveterato sentimento, comprendendo che alle porte di Roma la rivoluzione si sarebbe ridotta in mille frantumi, cercarono di scongiurare per quanto era possibile il male delle reazioni che necessariamente dovevano succedere, perchè i popoli si sarebbero avvertiti dello inganno: quindi chiesero salute al temporeggiare per non far loro sentire bruscamente il colpo dell'istantaneo mutamento d'istituzioni, e perciò opinarono allora doversi interrogare la volontà di essi col plebiscito, quando la certezza vi fosse stata di proclamarla dal Campidoglio, là dove è riposta tutta la gloria Latina, e senza cui è impossibile pensare all'unità d'Italia nel senso degli Unitarii assoluti. Ma il loro grido fu soffocato; l'uomo della rivoluzione, il mito della distruzione dei Regni d'Italia sparve dalla faccia del mondo, e non restando di lui che la sola idea, il solo nome di tanto in tanto ricordato dagli officiosi giornali di Torino (pel solo interesse del Governo), la setta dei mestatori politici ebbe tutto l'agio di affrettare la morte della vera libertà dei popoli, con un plebiscito falso, bugiardo, strappato a forza di gabale e d'inganni. Chiunque legge queste parole ricorderà non esser questa la prima volta che fu tale concetto pubblicato.

Il plebiscito insomma non fu fatto che per legalizzare le arti subdole e quanto si era operato d'iniquo nella rivoluzione; non fu che il darsi libero adito alle mille sciagurataggini che dal Novembre 1860 in poi si sono commesse e si van commettendo; non fu che il trovar modo come far scomparire dalla carta politica la grandezza del Reame delle Due Sicilie, giacchè verso questo Stato si tendevano maggiormente gli occhi; contro di esso dovea consumarsi l'odio e la vendetta; contro di esso doveasi operare quanto di più nefando poteasi immaginare, poichè tranne gli affiliati alle sette, tranne coloro che sperarono di arricchirsi italianizzandosi, altri che sperarono impieghi cariche, ed onori col piemontizzarsi, e finalmente altri che desiarono la rivoluzione per private vendette, ed odii antichi, quel Regno non pensò nè pensa di cedere i propri diritti, la propria autonomia, la secolare gloria delle sue terre, ed il Trono dei suoi Re per addivenire misera e povera Provincia di uno dei più piccoli Stati d'Italia.

Non mentisce quindi chi oggi sostenga che sia molto lungi dal vero chi dica essersi fatta l'Italia, poichè l'unico vero che sussiste, è quello di aver scacciati con la rivoluzione i Re dai loro Troni ed annessi proditoriamente i loro Stati al Piemonte dopo di aver fatto un fascio del diritto pubblico, del diritto internazionale, e di ogni gius politico, e calpestatili al cospetto di tutte le Potenze di Europa che fremendo videro tanto abominio, e non vi potettero riparare, strette come erano dalla legge del non intervento, infernale trovato dalla politica di Plombiéres. Questo è l'unico fatto attuale positivo che stà, e che rimarrà permanente sino a quando non avverrà o un novello cataclisma politico, che ci farà ricordare di quest'epoca come di un momento di paralisi; o dai popoli, oggimai frementi per l'ingorda nequizia delle maschere dei rigeneratori, non sarà data una scossa che in un momento faccia precipitare nell'abbisso la baldanza dei nostri parricidi..! E tale riscossa già si sente orribilmente ruggire in ogni parte delle Città *annesse*, e massime nel *Napolitano*, dove lo sperpero, le ruberie, le uccisioni, l'onta ed il dispregio sono state in grado maggiore che in ogni altra Città.

E come così non dovea succedere, se il movimento della rivoluzione non fu l'opera dei popoli, ma l'opera delle Sette? Se i popoli educati ad una vita agiata e patriarcale (parlo con specialità delle Provincie Napolitane) videro una novella bandiera e non sapeano che fosse? Se mentre si veniva allo squittinio del plebiscito, (squittinio ultimato da individui che col nome di *martiri* ci venivano regalati da Torino) già si accendeva la reazione, e la reazione non era che la voce dei popoli, i quali chiedevano ragione del violento atto di compravendita eseguito sotto il nome di franchigie liberali? (Mi si permetta una parentesi). Ferdinando II. fu chiamato tiranno, perchè seppe strozzare una rivoluzione che minacciava straripare orribilmente – ma ebbe cuore per tutti, e non fece nè impiccare, nè fucilare alcuno di quelli che oggi si dicono martiri: se lo avesse fatto... qualche proteiforme politico non avrebbe scritto quelli opuscoli svergognati che pubblica per Napoli dandogli il titolo di *Re Boja* (sic). Se loro avesse fatta dare una fune al collo, non avrebbe inteso di peggio, e le nostre terre sarebbero state libere da mostri che non contenti di averci turbata la pace, rubate le sostanze, distrutto il commercio, ora cercano con la demoralizzazione dei costumi strappare dal cuore dei popoli il sentimento della Religione ed il timor di Dio – Ma Dio è – e se ebbe fulmini per gli empii che stesero la mano sull'arca dell'antico patto, non passerà tempo e farà vedere la sua grandezza nella desiderata pacificazione.

L'Europa tutta con noi oggi è persuasa che l'unità Italiana è veramente una espressione geografica, ed il compito che si sforzarono aggiugnere i grandi riformatori del Piemonte non diede che il risultato di zero. Infatti non aveano compreso, nè voglion persuadersi essere impresa troppo ardua, e difficile lo imporre una nazionalità novella ad un popolo a ritroso del diritto naturale civile e storico di esso – Potrebbesi forse con più facilità magnificare un popolo vergine, e condurlo ad una vita diversa da quella che menava: ma un popolo convinto della sua civiltà e della sua grandezza fra le altre Nazioni incivilite, non potrà che reagire fatalmente, e sempre con novello ardore, e con novella vita, se si osasse di distruggere la sua gloria secolare per imporgli come un freno fastidioso, un governo che non puossi conciliare con la sua indole non solo, ma che lo umilia, lo degrada, ed ha impegno di annientarne la gloria. Tale verità maggiormente rifulge, se questo brusco cangiamento di vita interna di Nazionalità, che sarebbe una tremenda necessità in caso di conquista, dovesse vedersi imposto con l'inganno e con una pressura, che può e deve interpretarsi despotismo e violenza. E ciò è avvenuto nella rivoluzione Italiana, che io ho voluto chiamare *Dramma politico* – Gli Attori però ne presentiscono lo scioglimento... Noi pure lo presentiamo...

III.

Gli uomini della rivoluzione che si eran già venduti al Piemonte non potevano guardare con occhio d'indifferenza il trattato di Villafranca, dappoichè con una confederazione Italiana quel Regno sarebbe stato l'infimo, ed il Napoletano il massimo, stantechè non potea negarsi che tra Roma, Napoli, i Granducati, e la Venezia vi era già un anticipato ligame di simpatie e di parentele: sapevano bene che tra tutti i Regni d'Italia le Due Sicilie avrebbero avuto sempre il primato per popolazione, per grandezza storica, per gloria di scienze e di arti; per la ricchezza de' suoi prodotti, per il gran commercio, per la fertilità del suolo, per le vaste sorgenti d'industria, per le piazze forti di cui sono munite, e per i suoi vasti arsenali; quindi alla supremazia del sempre orgoglioso Piemonte, bisognava sperperare ogni più santo principio di diritto, abbattere quanto di più giusto e di più equo evvi nella politica internazionale, e rovesciare le basi del Dritto Divino per insediarne un nuovo; diritto che potrebbe in uno o in un altro giorno sovvertire tutto l'ordine politico di Europa, se i Sovrani non accorressero ad arrestare questo tremendo turbine che minaccia tutti i Troni, e la pace dei popoli.

E questo atto, che nel vero senso può dirsi liberticida delle Nazioni fu consumato.... – e la maggior opera la prestarono i vantati patrioti.... doppiamente snaturati, e parricidi.... Il tradimento infame fu compiuto, e Napoli questo Regno, che a buon diritto fu chiamato il giardino d'Italia; Firenze, Milano, Parma, Piacenza, ed altre ricche e fiorenti Città furono proditoriamente vendute al dominio del superbo Piemonte.

Il Conte di Cavour, la cui politica al sommo grado municipalista, non credette mai che le Due Sicilie dovessero annettersi a quel Regno pigmeo; sicchè quando la setta operò con la rivoluzione lo sperpero dei Regi, si trovò in tale e tanto laberinto, per quanto che dovette gettarsi perdutamente nelle mani di un partito, il di cui fine altro non era che la *solipsia*. Perciò furono tolti da ogni Capitale i Ministeri parziali, affinchè ogni idea di autonomia scomparisse; perciò furono sciolte le armate, perchè ogni forza parziale mancasse a prestar braccio forte ai popoli, che già incominciavano a levarsi per reclamare i proprii diritti: perciò furono rubati i tesori, spoliate le banche, depauperati i pubblici erarii; perchè uno era e solo il fine; rendere florido, ricco e potente il Piemonte; povere deboli e grame tutte le altre Città: perciò dovette ricorrere ad altro protettorato, e fu consumato un atto di compra-vendita di Città Italiane da quell'istesso Ministro che si faceva salutare rigeneratore d'Italia, e ne proclamava l'unità.

Così potettero i Piemontesi spandersi su tutta la faccia dei Regni Italiani. Essi passeggiarono nelle nostre terre come conquistatori; si appropriarono quanto loro venne sotto gli occhi; scacciarono dai loro posti i nostri fratelli: li scacciarono dalle cariche in cui avean consumata la loro vita; oltraggiarono gli onesti, manomisero la giustizia e ad essa fecero prevalere il capriccio, il sopruso, e l'arbitrio; carcerarono, fucilarono le genti accusandole reazionarie, onde soffocare il grido d'indignazione che si levava in ogni Città.... Dio! e come soffristi tanta svergognata infamia? Potenze di Europa! e voi specialmente Francia ed Inghilterra che con i vostri giornali vi fate propugnatori di questa idea liberticida, che cotesti vantati rigeneratori han preso per covrire i loro rei disegni, e per sostenere la quale si son fatti carnefici dei nostri fratelli; perchè non mirate severamente all'opera della distruzione che si compie; alla guerra civile che ogni dì ferve più tremendamente? Che dicono mai quelle bande che sono sparse nell'Umbria e nelle Marche, ed in gran copia nel napoletano, se non il sentimento di milioni d'uomini che reclamano di spezzare la catena del servaggio imposta loro fraudolentemente da una setta esecrata? Che dicono mai le prigioni rigurgitanti di tante migliaia di detenuti? Che, la lunga emigrazione delle più nobili ed oneste famiglie? Che, gli esilii, le deportazioni..?...? Non son essi segni i più patenti che addimostrano esser volontà dei popoli riavere i loro Principi, le loro autonomie, le loro leggi, le loro glorie? Se voi avete fatto insediare questo novello diritto dei popoli, non vedete nella universale reazione dell'Italia, che il Piemonte non si vuole... non si vuole?

IV.

Niuno ignorava il disesto delle finanze del Piemonte, tuttochè i commissarii della rivoluzione andassero assicurando che fossero le più felici del mondo; ma a niuno era noto che in quel Regno la parola *finanza* si confondesse con la *sfinanza*; nessuno conosceva che i debiti gravano in tal modo quello stato che a mala pena l'introito delle rendite equiparava gl'interessi che si pavano sulle somme capitali – Per cui restammo come trasognati, allorquando vedemmo i *rigeneratori* d'Italia piemontizzare, ed unificare a Torino il tesoro dei nostri Principi, e quelli degli Stati; e poi insultarci con far pubblicare dalla spudorata *Opinione*, che Torino ha dovuto soccorrerci di denaro! – peccato! quanti sacrificii ha fatto per noi il Governo dei Galantuomini! Ma il Governo avea patteggiato con i suoi satelliti: quindi non era solo all'atto dell'espoliazione! Ciò è storico, fatalmente storico, e sotto i nostri occhi medesimi consumato! – Come le cavallette che Jehova il Dio degli eserciti mandò sulle terre d'Egitto per punire le peccata di quel popolo, così ci piovve sopra un nuvolo di cavallette politiche: infelici! avean fame: era duopo ricompensarli; quindi a centinaja di migliaia uscirono dalle casse pubbliche i docati convertiti in *lire* ed andarono a consolare i *frementi*, che intascarono quel danaro, simigliante ai trenta danari che si ebbe Giuda pel tradimento fatto a Cristo!

Cominciarono allora le querele dei popoli, lo schiamazzare dei giornali: ma che? quali furono le risposte che loro si fecer dare dai malvacci di Torino? Che noi eravamo selvaggi, che non eravamo civilizzati, che eravamo incorregibili, perciò degni di esser trattati con la frusta – Non è plausibile questa risposta parto delle intelligenze che insegnano la logica nuova col teorema primo d'ogni loro opera, – *ciò che è tuo è mio*??? Da questa semenza cominciò a scaturirne il frutto, e quindi una generale *ipiegomania* accese ed invilì gli animi che aveano per primo requisito il dire – *Viva l'Italia ficcata nel corpo di Torino uno*. Cavour è grande come Mosè; Ricasoli come Aronne. Viva Minghetti – abbasso Minghetti. Viva Spaventa (??) Spaventa è un birbante – Bastogi è una gran Ministro... d'imbrogli... – Garibaldi è un grande... nemico dell'unità italiana! a seconda che piaceva far cantare all'unisono dal Ministero e dalla setta; a seconda che loro più talentava uno o un altro individuo. Questa ipiegomania fù quindi causa dei più svergognati atti d'ingiustizia, poichè per ricompensarsi un birro liberale, un brigante unitario, un camorrista Italianizzato si fecero note, ed elenchi di destituzioni che caddero tutte sugli uomini i più onesti, i più probi, i più intelligenti.

Potenze dell'Europa! questi fatti non vi son forse noti da quella giornalistica che ha mostrato un po' di coraggio civile? E lo soffrirete voi d'avvantaggio, voi che vi chiamate sostegno della giustizia, e difensori dei popoli oltraggiati?

V.

Le turbolenze politiche succedendosi però le une alle altre, era d'uopo che un riparo qualunque si fosse preso. Ed eccoci il Barone Ricasoli dimentico delle Commende che da legittimista lo decoravano, salta fuori con una *nota* per quanto stravagante per tanto degna di compianto – Noi non ne facciamo i commenti, perchè ne ha avuti tanti da disgradarne l'istessa opera dell'Alapide sulla Bibbia – Ricasoli aveva preso sul serio le parole di Luigi Napoleone; aveva preso in senso *lato* l'atto del riconoscimento del nuovo Regno fatto non dalla Francia, ma da un Bonaparte! – Non sapeva il Barone che Napoleone è un gran politico, ed avea ben preveduto come la faccenda sarebbe andata a terminare: non sapeva il Barone che la Francia non avrebbe mai sofferto che Roma la Città dei Santi, la Città storica, la Città che appartiene a tutti i popoli del Mondo, i quali riveriscono nel Pontefice Sovrano il Vicario di Cristo, che dev'essere indipendente, e Signore de' suoi stati, nè soggetto, e suddito a niuno, e tanto meno al Piemonte, avesse dovuto diventar sede di galantuomini, che sarebbero stati felici di *Torinizzare* S. Pietro, S. Paolo, il Campidoglio, ed il Colosseo non tanto, quanto quei ricchi altari, quelle gioje rarissime, di che la carità de' fedeli ornò le basiliche de' Santi suoi; e che poi avrebbero posto in mostra in qualche altra esposizione scrivendoci sopra, *frutti della conquista*! Bonaparte questa volta fù Bonaparte – ebbe gelosia, e disse un *nò* – terribile monosillabo, che sconcertò la politica del Barone.

Perciò pensò questi a prepararsi ad ogni evento; e guardò l'armata! – I giornali Italianissimi parlarono molto su di tale bisogno urgente, e menarono la maledizione sul Ministero perchè non ci pensava – Qui fecero male, perchè i Ministri non ebbero colpa alcuna – Come doveasi formare quest'armata di mezzo milione d'uomini, se dei 22 che ne costituiscono le annessioni cinque decimi sono donne, due decimi sono fra fanciulli, inatti, e vecchi, e tre, meno qualche fremente frazione, sono o malcontenti o legittimisti o clericali? – Si è promulgata la leva, ma qual risultato se ne è ottenuto? – senza spirito di prevenzione s'interroghi la giornalistica, tranne i bugiardi ministeriali che hanno interesse a mentire, e troverassi che in tutta Italia finora non si giunse al numero di 15 mila. Si parla del campo di S. Maurizio e delle spedizioni che di tanto in tanto sono centuplicate dall'*Opinione* e dall'*Espero*? Ebbene perchè dieci mila uomini di truppa sono a guardia di loro? perchè si catturano i soldati degli ex-eserciti, e quando essi non possono aversi tra mani si mettono taglie sù di loro, si mandano alle loro case picchetti di guardie fisse, se ne arrestano i genitori, i fratelli, i parenti, i figli, e sino i fanciulli? perchè ai renitenti si è giunto sino ad incendiarne le case? – [2] Perchè sull'Isola di Ponza si detengono centinaja di uffiziali che furono onorati nel difendere sino all'ultima stilla di sangue la bandiera del Re a cui avea prestato fede e giuramento a scorno di quei traditori che si vendettero al Piemonte sperperando le schiere dei forti che oggi per la causa della restaurazione si battono sulle montagne, e fan provare ai Piemontesi che valga braccio sostenuto dalla fiducia in Dio?

Mi nieghi chi può questo vero! – In faccia a tali fatti che cosa devesi dedurre? – Gli attori sono stanchi, e il dramma corre al suo fine.

[2] Per la verità di tali fatti si percorrano i 27 numeri della *Stampa Meridionale* giornale edito a Napoli il 10 Settembre e soppresso dalla Camorra con vie di fatto il 10 Novembre, e si troveranno fatti circostanziati da incutere il più grande spavento sù quanto per tal fine si è operato dai Piemontesi.

VI.

In tutte le Città d'Italia sotto il governo dei legittimi Re la miseria non allignò mai, dappoichè pane e fatica non mancarono mai: e quando si vide dai Governi che un mal ricolto, o il monopolio commerciale facesse minacciare il caro del pane, accorsero essi a ripararvi con il denaro o proprio o del pubblico erario, onde la penuria non avesse afflitto i popoli. Immensa quantità di grano, e di civaje fece importare più volte nel Regno delle Due Sicilie Ferdinando II, e nel 1860 lo stesso fece Francesco II, misura che controbilanciò le mene del monopolio, e fece diminuire il prezzo dei grani. Ed intanto a non far mancare il lavoro si aprivano novelle strade, si accomodavano le vecchie, si diminuiva il dazio sulle dogane, cosa che diede una forte spinta al commercio facilitando l'importazione dei generi esteri, e l'esportazione di quei che formano la base del commercio del Regno delle Due Sicilie. Con ciò si precluse la strada al controbando, poichè niuno per poco dazio d'imposizione rischiava i suoi generi. Misura finanziaria utilissima che mirava al doppio scopo di utilità pei cittadini, e d'utilità pel Governo. – Tutto questo sparì in un momento appena la rivoluzione venne a porre in soqquadro le nostre istituzioni. Il monopolio ristretto fra le mani di pochi tristi fece incarire il prezzo dei grani, delle paste, e dei generi commestibili – Il controbando si consumò impunemente, e danneggiò il commercio, poichè laddove entrava subdola la merce estera, non potea estrarsi quella del suolo nostro, stante l'insicurtà delle vie, ed il rifiuto all'estero di ricevere la bandiera del neonato e non riconosciuto Regno; il risultato di tutto ciò fu la miseria la più spaventosa che affligge le nostre Città, che nei tempi della pace diedero pane alle altre Nazioni di Europa. A tanta copia di mal fatto altro si aggiunse che ha un carattere sommo d'infamia, e rivela quale sia stata la intenzione del Piemonte nel mettersi a capo del movimento rivoluzionario. –

Tutti gli operaj degli arsenali, degli opificii degli Stati, dei cantieri, e degli altri siti di pubblici lavori furono licenziati, e surrogati da quei di *Torino*, quasicchè vi fosse bisogno di Piemontesi nelle nostre città per menare innanzi le opere nostre, le quali primeggiarono sempre per perfezione e pulitezza: sì – primeggiarono sempre, e la prova la più certa non si è avuta forse nell'Esposizione ultima tenuta a Firenze? Che altro voleva dir essa, se non il testimonio parlante della menzogna detta dai pseudo-liberali, cioè che nelle diversi Città d'Italia le arti e mestieri erano reietti? Là si videro lavori di ferro, di acciaio, d'oro, e d'argento; lavori di bronzo da stare a fronte di quelli d'Inghilterra, e di Francia; manifatture in seta, in filo ed in cotone; castori, lane e trine di una sorprendente squisitezza; lavori d'arte, sculture, pitture, quadri di calligrafia etc. pastorizie, e si videro le pecore di Lombardia, i buoi delle Romagne, i cavalli delle Marche e del Napoletano, non che quantità di altri animali ch'indicavano come questa specie d'interessante commercio fosse stata accuratamente condotta – Or bene – Questo che è frutto di vera civiltà quando e come fu ultimato? – Non lo fu forse sotto il governo dei Re legittimi? – perchè dunque mentire svergognatamente con dirsi, che le arti ed i mestieri; la coltura, ed il commercio gemevano sotto di loro? – Il fine era di manomettere, di atterrare, scompigliare tutto, ed ingrandire, nobilitare il Piemonte. Progettarono... promisero, spedirono ingegneri Piemontesi, artefici Piemontesi, e fino le travi e le pietre piemontesi; ma che conchiusero? nulla – nulla – decisamente nulla – a meno degli abbellimenti del Ministero, e di altre opere pubbliche a *Torino*. –

La miseria negli operaj crebbe quindi maggiormente, e la mancanza del lavoro, il caro dei viveri moltiplicarono i forti in tal modo che le Città d'Italia di pieno giorno sono addivenute spelonche di ladri.

E questo è stato il bel frutto della libertà rivoluzionaria che ha manomessa la vera libertà individuale, ed ha attentato alle proprietà dei Cittadini.

VII.

Sì gran copia di errori premeditati, che meglio sarìa chiamare infamia premeditata, non poteva più celarsi dinanzi agli occhi dei popoli ingannati e traditi, i quali perciò non potettero ristarsi dall'alzare un grido d'indignazione nel vedere il gran fallo che loro si era fatto commettere per le inique suggestioni delle sette, le quali, pur troppo è noto, son composte da uomini che agiscono pel proprio interesse, pochi essendo coloro che per opinione e per un sentimento esposero vita e sostanze. – Ogni classe di gente fu quindi scontenta, poichè dal Ministero del Piemonte si è fatto un particolare studio per procurarsi nemici. – Che fece Egli?... Irritò gli Aristocratici col ridicolo ed antisociale principio, *siam tutti uguali*. – Principio che fu proclamato per gli altri, e non per la *nuova* classe dei *martiri nobilizzati*, dappoichè non aristocrazie, ma orgoglio, superbia, e dispregio vedemmo mettere in pratica da cotesti uomini senza storia, senza nobiltà di passato, e senza nome – Perseguitò il Clericato accusandolo di retrivo, di reazionario, di conservatore, e mise in ridicolo le cose più sacrosante della Religione per abbatterla, ed immettervi invece l'ateismo, e strappare così gl'Italiani dalla soggezione del Pontefice Sommo – Di ciò parleremo più a lungo in appresso.

Oltragiò le armate, le bandiere, e gli Uffiziali di onore che avean difeso i loro legittimi Re, e ne decorò i traditori –; esempio che chiaramente dimostra in qual conto il Piemonte tenga onore, disciplina di milizia e giuramento. Fraudolentemente promise ai Capitolati di Gaeta ed agli altri uffiziali che seguirono Re Francesco II a Roma, che liberi fossero rientrati nelle loro case, e poi giunti appena a Napoli scortati da compagnie di carabinieri li fece condurre alle pubbliche prigioni di Castel Capuano, dove quella gente onorata, che per la causa della legittimità avea impugnata la spada, fu trattata al pari dei borsaiuoli, e dei malviventi; e dopo un dieciotto giorni che li tenne così detenuti, senza neanche permettere loro il rivedere le afflitte famiglie, li fece deportare a Ponza, dove stanno tuttavia con l'assegno di un carlino[3] al giorno condannati all'esilio ed alla miseria! –

Oppresse gl'impiegati a chi diminuendo i soldi, e chi traslocando con meschino appuntamento in lontane provincie, molti destituendo,

[3] Moneta napoletana pari a un 12mo dello scudo.

a niuno quasi lasciando il soldo di ritiro come gli sarebbe spettato –.

Manomise i diritti della libertà individuale, l'inviolabilità del domicilio; e noi vedemmo i birri entrare a forza nelle case dei particolari, mettere tutto a soqquadro, rubare talvolta e poi arrestare un cittadino senza ragione, senza mandato, ma per semplici sospetti. In somma non vi è stata una classe di gente che non abbia manomessa; non vi è stata, nè vi è classe di gente (se ne togli poche anime vendute) che non maledica la rivoluzione, Mazzini, ed il Piemonte, che ci gettarono in un abisso spaventevole di miseria e di anarchia –.

Ciò diede luogo a far sorgere le bande armate, che da un anno fan la guerra per la causa della legittimità; guerra di sangue, di distruzione, guerra efferata, fratricida, ma guerra di buon diritto, perchè si fa contro un oppressore che viene gratuitamente a metterci una catena di servaggio. – Si dà a queste bande il nome di brigantaggio; perchè? perchè incendiarono qualche casa, perchè misero qualche taglia ad alcuno che sapeano piemontizzato? – Ne aveano il diritto; poichè i Piemontesi alla lor volta incendiarono non una, non cento case, ma intieri paesi[4] lasciando migliaia di famiglie nell'orrore e nella desolazione; fucilarono impunemente chiunque venne loro alle mani, non risparmiando vecchi, fanciulli, preti, e finanche qualche Monaca. – La *Stampa meridionale* minutamente nei 27 numeri, che potè pubblicare ne diede i nomi con ogni maggiore scrupolosità; ad essa ci riportiamo per i dettagli particolareggiati. Ma quanto crebbe questa guerra civile? – sotto *Spaventa* – il martire, il liberale maledetto dagli uomini di tutte le opinioni, di tutti i partiti; l'uomo che tradì la patria, il partito, ed insediato nel Ministero d'una provincia annessa (Napoli) addivenne il carnefice del popolo, della libertà, del dritto: insomma odiò quanto di buono vi era; il cattivo, e l'inonesto protesse! – Di ciò non diremo davvantaggio – il tempo svelerà altri orribili raggiri di quest'uomo l'onta di cui non basterebbe a lavare nè l'Oceano, nè un sagrificio, nè il boja – ! –

Si accrebbe spaventosamente sotto la Luogotenenza di Cialdini, ed

[4] Tredici paesi del Napolitano furono messi a sacco e fuoco dai Piemontesi.

il comando di un Pinelli uomini avidi di sangue, di stragî, di morti, uomini su cui oggi pesa il giudizio dei popoli, come un dì peserà il tremendo giudizio di Dio! –

Ma tutti due non ostante la spavalderia fatta nel proclama, dovettero uscire dal Regno di Napoli avendovi lasciato di loro un'idea funesta, che ci rammenta Nerone, Domiziano, Caligola, e i loro Proconsoli.

Ed oggi a qual punto si rattrovano le cose d'Italia? Abolite le Luogotenenze, le Capitali più significanti hanno un Prefetto spedito da *Torino*!!! La guerra civile accesa orribilmente; i partiti già svegliati e pronti le mani all'armi; la miseria che agita la plebe; il dispetto che spinge gli stessi liberali ad accontarsi coi legittimisti; insomma un vulcano che ad ogni momento minaccia di eruttare fuoco distruggitore! – Ed il Ministero del pseudo-Regno che fa? Torinizza con una sicurtà, con una sfacciataggine da degradarne Pasquino e Marforio, – Come se invece dell'abbisso, su cui si trova spenzolato, camminasse sovra un letto di rose, o sopra una pianura tapezzata di erbe e saltata di fiori, non pensa che a mettere aceto e fuoco sulle piaghe dei popoli. – Che ha fatto negli ultimi tempi a Napoli? Quelle scuole militari brillanti al pari di quelle di Francia e d'Inghilterra soppresse, ed istituite nel Piemonte: i cantieri sguerniti, i navigli spediti nel Piemonte: le ricche armerie del tutto vuotate, e le armi trasportate in Piemonte. Che restava alla povera Napoli? I beni dei Monisteri: ed ecco un'altra legge che ne sopprime gli ordini, venderà le possessioni all'incanto, ed il denaro manderà a...... Torino! – E Soffriranno le potenze di Europa di quest'ultimo esecrabile furto che si cerca fare delle nostre sostanze, sì... – nostre, poichè quelle rendite sono parziali donazioni fatte alle fanciulle che si consecrarono al Signore dai genitori; sono dotazioni che anime pie fecero pel lustro di nostra Sacrosanta Religione! – Qual diritto si ha da uno straniero che dopo averci derubati di tutto, stende la mano fin sui beni della Chiesa, e forse oggi, o domani la stenderà anche sui calici del Signore, sugli ori degli altari, per formarne un'altra ricca corona al Re Galantuomo...? –

Chi è uomo d'onore, e sente in se vero sentimento ed amore di patria, porga la mano – la mia è onorata, nè fù mai contaminata dal denaro di qualsiasi governo. Venga meco, e dica, riconosce più oggi le nostre città, com'erano due anni or sono? Uomini d'onore, se vi batte il cuore nel petto, se vi resta sangue nelle vene per la patria vostra, se non rinegaste ai principii i più santi di carità patria, ditemi non ciechi, mentecatti, iniqui coloro che ancor cercano d'illudere i poveri popoli facendo loro scambiare i colpi di scudiscio per carezze; le catene per ciondoli; il ludibrio, e la vergogna per virtù; la fame per ricchezza; la compassione di Europa per un lungo plauso di virtù?

VIII.

In faccia a tutti questi fatti, che sono eminentemente storici, non trattandosi di quistioni politiche, e di opinioni, ma di cose che si son succedute le une alle altre, di delitti che ancora oggi si consumano; pure la setta orgogliosa e superba, benchè veda che aggiugnere il fine propostosi è impossibile, poichè non trova da qualsiasi parte si volga, che ostacoli e contradizioni, non tralascia di promettere, di parlare, di spavaldare per mezzo dei giornali, che paga col denaro che preme ai popoli, senza darsi carico di guardare che pensi la politica estera a suo riguardo. Dicono, noi faremo l'*Italia una* a costo di qualsiasi ostacolo – Esaminiamo quindi tutte le vie che essi sognano di voler battere per conseguirne il fine.

ROMA CAPITALE! *Or incomincian le dolenti note*! Roma è un ritornello che si ripete da quattordici mesi; ma senza frutto – Benchè di sopra ne avessimo detto qualche parola, non è inopportuno riparlarne necessitandolo l'argomento – In fatto di politica ognuno può estrinsecare la propria opinione, quando è logica e non offensiva alla legge, al diritto comune, ed al rispetto che si deve ai Sovrani di Europa. – Quanto non si è detto, non si è scritto, non si è pubblicato sulla politica di Napoleone III? – Quanti commenti non sono stati fatti ad ogni sua parola, ad ogni sua espressione ad ogni comando, ad ogni divieto? Vi è un gran male che vi aggiunga anche la mia opinione, e valga quanto che sia?

Napoleone III Imperatore de' Francesi non è il Luigi Bonaparte di Plombiéres; allora era egli un particolare e non altro; oggi è il reggitore di uno Stato: allora la sua politica potea essere qualunque, oggi o vuole o no dev'essere consona con quella delle altre Potenze di Europa – Lo scoglio di S. Elena e il trattato del 1815 non possono togliersi dagli occhi di lui: quindi se potè sfogare qualche antico rancore, dovette poi prestamente soffocarlo in faccia ad una coalizione che già dal Nord lo minaccia, e ne sono pruova la Russia con le sue armate in Polonia, l'Austria sul Pò, e la Prussia sul Reno – Napoleone non ha pensato mai di unificare l'Italia sotto di un solo scettro, nè potea volerlo – Se questa utopia avesse potuto verificarsi, egli avrebbe trovato una nemica alleata all'Inghilterra – Fece la campagna del 59, ma non per la causa Italiana, sibbene per togliere all'Austria quella morale e fisica influenza che avea nella nostra penisola e surrogarvisi egli stesso. Il fatto di Nizza e di Savoia ne conferma l'idea – Si arrestò a Villafranca, perchè il Colosso Nordico disse *basta* essendosi diplomaticamente stabilito dalla Prussia e dalla Germania esser loro interesse mantenere il possesso della Venezia all'Austria. Non pertanto Mazzini agitava la sua setta che si era estesa sin nelle aule dei Re – Napoleone memore di Plombiéres, vide essere impossibile arrestare la rivoluzione senza compromettere il suo nome come sostenitore della legittimità, e come nemico del *progresso* (così detta dai settarii la *rivoluzione*) – Dovea quindi senza mostrarsi ostile al movimento rivoluzionario, intralciarlo in modo da farlo cadere da se. – Napoleone III è il più profondo politico di Europa; antevede 50 anni di politica a venire, e non s'inganna: quel che pensò d'Italia è avvenuto – Egli con stabilire fra le Potenze la legge del *non intervento* diede la spinta alla rivoluzione, che camminava senza vedere il precipizio che avrebbe trovato un giorno scavato sotto i suoi passi – In meno di due mesi l'Italia era in rivolta: i Troni erano scrollati, ogni diritto manomesso: i Principi esuli dai loro Regni, ed i popoli col diritto di crearsi un Re – La setta si agitava, e si affaticava profondendo denari, armi, e promesse, e la rivoluzione fu completata – E Napoleone? taceva! Perchè? Gl'Italianissimi, gli ultra, gli speranzuoli dicono – Napoleone è il capo della rivoluzione, Napoleone è *ultra* come noi, egli vuole e farà l'Italia – Io (è mia opinione) dico e sostengo che gli ultra han fatto il volo d'Icaro.

Sin dal convegno di Plombiéres Napoleone III fu messo a parte dei segreti della setta: salito al trono ben sapeva che le sette sono come il tarlo, che quanto più tempo gli si lascia per rodere, tanto più profondamente rode, per cui si vide obbligato di arrestarne l'opera dando ai settarii opportunità di agire liberamente, nella certezza che una volta compromessi senza riuscire al fine proposto, sarebbe stato loro impossibile un secondo tentativo, e per il disinganno dei popoli, e per l'attenzione e vigilanza dei Governi. Mentre quindi la rivoluzione ferveva in Italia, egli afforzò la guarnigione francese a Roma pel doppio scopo eminentemente politico, e plausibile; tenere difesa la Santa Città, onde non trovarsi a fronte il partito dei clericali, che in Francia costituisce tre quarti della popolazione, ed avere sempre un piede in Italia affinchè falliti i disegni delle sette rivoluzionarie, egli avesse il vanto in faccia alle Potenze Europee, di farsi mediatore di pace, ed autore di restaurazione – Nè si dica – Napoleone pensa a Murat per Napoli. – Ciò può dirsi dai gonzi, e dai politici di una pagina, non da chi ha ardito intromettere lo sguardo nei penetrali della politica. La sola idea di Murat a Napoli farebbe in un istante scoppiare la guerra europea; e la guerra da Napoleone non si vuole, specialmente oggi, quando due tremendi ostacoli gli stanno dinanzi; l'erario vuoto – ed il partito clerico-legittimista. – Ma si dirà Napoleone è l'uomo del 2 Dicembre: ciò è vero – Ma il 2 Dicembre non fu forse l'opera dei clericali? Dunque la Francia a Roma significa tutela della Religione e dell'Indipendenza degli Stati della Chiesa, e niego riciso ad acconsentire all'unità d'Italia. La Francia a Roma è il più grande colpo di Stato che potea ultimarsi per distruggere la rivoluzione; poichè senza Roma per Capitale nessuna Città d'Italia avrebbe ceduto come non cederà il primato alla gelida Torino. E questa causa di scontentamento oggi così grandemente estesa, ha resa impossibile ogni pacificazione, e fa vedere la necessità di una pronta restaurazione per scongiurare una guerra a tutto sangue, e la continuazione di una guerra civile, poichè nello stato delle cose come si verte, forse non m'ingannerei con dire essere vana anche l'idea di una confederazione.

IX.

Ogni speranza adunque di aversi Roma dalla rivoluzione è svanita. Il sentimento universale delle Nazioni sta e starà sempre Guardiano del Pontificato Romano, nè questo sentimento potrà svanire per forza di tempo o di lungo aspettare. Il diritto universale delle genti non potrà mai mutarsi a riguardo di un vero eminente. La setta lo sa, eppure non cessa di avventare il suo veleno, non cessa di stendere le sua fila per ottenerne lo scopo; e giacchè vede non poter mai aggiugnerne il fine con la rivolta, fa ricorso ad un mezzo della ribellione più svergognato, al discredito di quanto sente e tratta di Religione per strappare così gli animi ad ogni principio religioso, ed alienarli dal rispetto verso la Santa Sede. In altri termini adoperano con il Pontificato Romano quella stessa *diffamazione* che immoralmente usarono con le famiglie dei Re legittimi. Ogni risposta a tal mezzo usato e da tale gente è un invilimento, percui è miglior consiglio lasciarne il giudizio alla opinione pubblica. Per le cose di Religione però non è così.

La guerra che oggi si fa, non è al Papa come Re di Roma solamente, non si limita solo al potere temporale, non è contro la dominazione Pontificia che si scaglia la bava velenosa dei Settarii: è anche direttamente contro i principii della Religione, che vorrebbe farsi sostituire dal vantato *Razionalismo* – Ecco la ragione per cui nuove Scuole di Filosofia s'installano; uomini empii ed apostati si delegano ad attaccare con bocca impura i dommi i più sacrosanti della Religione Cattolica – Nè ci si dica con le parole del Ricasoli, *sarà rispettato il potere del Papa!* Noi sappiamo quanto valgano le promesse della rivoluzione; noi siam convinti che quante volte il Re di Piemonte potesse aver preparato un seggio al Quirinale, il Pontefice Sommo sarebbe ristretto nella sua potenza, nè potrebbe liberamente esercitare, e far esercitare dai suoi ministri il suo ministero. Il Papa ha bisogno di essere indipendente e libero nei suoi Stati, perchè tutti i popoli della terra potessero *liberamente* convenire alla Sede della Carità de dell'amore, alla sede della beneficenza e del perdono, di Colui la cui potestà non ha origine umana, ma origine divina – Nò – non giungeranno le mene dei settarii ad indebolire nell'animo degli Italiani il rispetto, l'amore e l'obbedienza verso il Papato che è la più gran gloria d'Italia – Nò – la novella filosofia che si cerca disseminare con empii dettati non amuoverà gl'Italiani dai loro principii religiosi.

È teorema al di sopra di ogni eccezione che il voler sottrarre l'intelletto dalla legge della fede, ed il pensiero dalla norma della credenza è lo stesso che negare ed avere per nulla le leggi della moralità e la certezza del senso. Or gl'Italiani san bene che a questo scopo mira la novella scuola del *Razionalismo*, che dalla rivoluzione si cerca deificare invece dello insegnamento Cattolico. San bene che questa parola scevra di beneficenza, e spirante dubbio da ogni parte trascinerebbe gl'intelletti in uno scetticismo il più sfacciato, avvegnachè non sapendo nè potendo a se stessa dar ragione di quanto cerca proporre e stabilire, nega il vero, foggia nuove dottrine le quali poi se si esaminino diligentemente, tendono tutte ad un fine, a mutare la faccia di ogni diritto, religioso, civile, politico, sociale, e pubblico; giacchè è pur troppo noto uno essere il principio di cui fa conseguenza la loro dottrina i settarii – *distruggere tutto per riformar a lor talento.* –

Ma ogni sforzo tornerà vano – Cristo al cospetto dei secoli alzò la voce, e da essa ne scaturì la Società una – intellettuale – immutabile – Con i suoi dettati di unità universale Cristo dall'alto della Croce fondò quella unità intellettuale per la quale tanto si affaticarono e sempre vanamente i Filosofi di Grecia o di Roma – Come potrà ora il ridicolo e la diffamazione torcere le menti dal vero per dar luogo all'errore? Con la guerra al Papato non si vuole proteggere solamente la Religione di Lutero, di Calvino e dei protestanti: nò – si vuole il Panteismo, l'Ateismo, ossia la religione *di nulla credere*, che la Setta dice, *libertà di religione*, ciò che ha constatato il Gabinetto del Piemonte con lo stabilire il Ministro non più del Culto, ma *dei Culti*!!!!–

Ora i nostri popoli, i quali furono educati alla severità delle massime religiose, ad una morale capace di generare i più chiari frutti di civiltà rimasero trasognati, stupefatti, sorpresi in vedere l'empietà spudoratamente attaccare il Cattolicismo, il Culto dei Santi, e quanto ebbe sempre di più caro – il culto della Vergine; e noi fummo indignati in sentire un Gavazzi, un Pantaleo, ed altri di simigliante pasta predicare sulle piazze, nelle Chiese, o in apposite sale dove s'invitavano uomini e donne, sbeffeggiare i miracoli i più patenti che dal Cattolicismo si onorano; svillaneggiare il Pontefice, i Cardinali, la Santa Sede, e l'Episcopato Romano con parole oscene e scandalose; niegare i fatti storici, storcerli con svergognate menzogne ed invenzioni, e presentarli poi con uno stile di cinismo ridicolo per seminarne il veleno nei semplici cuori; nè si ristò il Gavazzi dall'ardimento di dichiarare buffonata clericale (sic) il culto dell'Immacolata Concezione, e parlare con apposite conferenze contro Maria la Vergine benedetta, in cui la Chiesa onora la Madre del Dio incarnato, del Redentore. – E tanta audacia, tanta svergognatezza si consumava all'ombra del governo rigeneratore, del governo che promette al Pontefice il libero esercizio dei diritti, e dell'autorità Religiosa; di quel governo che messosi il manto della volpe dice volere *libera Chiesa in libero Stato*. – I nostri popoli però ne compresero l'inganno e l'infamia, e fecero venir meno al P. Gavazzi il desiderio di permettersi di rinnovare l'infame missione come oggi sono persuasi che tutto è falsità, invenzione de' tristi quanto si dice contro la S. Sede. – Il fallito disegno fece che ai nostri popoli si dassero gli epiteti di retrivi, di fanatici, di idolatri, e lo zelo della difesa della Religione che si ebbero spontaneo per vero sentimento, si disse opera dei clericali che attizzavano la suscettibilità popolare. – Perchè invece non dire che pane e religione sono gli elementi fisico-morali che fan vivere i popoli? – Perchè non dire che tentare la Religione ad un popolo è lo stesso che esacerbarbe il cuore, spingerlo ad atti i più terribili? –

Il Papato, è ormai fuori quistione, è necessario non solo all'indipendenza della Religione, ed alla gloria d'Italia, ma è un peso che equilibra le bilance della politica Europea: dimodochè è convinzione ben fondata che ogni tentativo fatto per diminuirne od atterrarne il potere temporale, arrecherebbe pregiudizio positivo all'interesse politico-morale degli altri Stati. Scrivano dunque per quanto vogliono i rivoluzionarî dipingendo con negre tinte ogni fatto anche legale del governo della Santa Sede; si sforzino, per quanto vogliano, per degradarne le azioni; le loro parole non faranno che più convincere i popoli delle loro arti subdole e li spingeranno viemaggiormente a detestarli. La rivoluzione è stata una gran scuola ai presenti ed ai futuri, ed oggi la gente onesta non ha potuto in cuor suo non scusare anche il ricordo delle carceri, e degli esilî avvenuti sotto i governi legittimi vedendoli provocati dalla tirannide che detronizza ed espolia a sua volta i Re; opprime i popoli, e carcera, esilia, e fucila coloro che il diritto delle genti invocano contro le oppressure di ch'essa intende illegalmente ed anarchicamente avvalersi contro ogni principio di ragion sociale. La rivoluzione è stata una gran scuola e ci ha con esperienza convinti che essa non avendo con se mezzi legali per giustificare i suoi atti arbitrarii, ricorre ai mezzi estremi, che non possono non riuscire sempre fatali. – Compresero i popoli che la vendetta e la solipsìa, il vizio e la rapina sono gli Dei della rivoluzione, e non il ben'essere sociale, ed il progresso e l'immegliamento che vantano con le parole, con i fatti manomettono. Compresero che la libertà dei popoli pel giusto e regolare andamento della società deve avere un onesto limite, varcato il quale ogni speranza di ben pubblico finisce. Compresero in fine che l'opera dei mestatori politici non è che la face della discordia e della distruzione; e che per riequilibrarsi la società è necessario procedersi con saggezza e prudenza ad accontare con preconcetto accordo i diritti ed i doveri che passano fra sovrani e popoli, poichè in questo sol modo scomparir possono del tutto gli odii, i rancori del passato, ed il desio di fratricide vendette; in questo modo la società può essere restituita alla pace, all'ordine, alla tranquillità, alla sicurezza individua, ed alla ricchezza la più fiorente delle scienze delle arti, del commercio, e dei mestieri.

X.

Svanita ogni speranza di aver Roma, dice la setta è d'uopo confidare nel tempo ed intanto volgere l'occhio al quadrilatero, da cui l'austriaco minacciosamente ci guarda – Questo almeno è il consiglio che oggi sembra prevalere nell'animo dei rivoluzionarî, i quali con una logica tutta loro così ragionavano con la voce dei loro organi officiosi « Attaccare l'Austria sul Pò; mentre nel contempo l'Ungheria, la Croazia, la Transilvania con una *pronta* sollevazione la obbligherebbero a divergere porzione di forze sul Danubio; e così certamente sarebbe distrutta ».

Dal detto al fatto però vi passa un gran tratto, dice il proverbio Italiano, e se i progetti tutti che si fanno, potessero mandarsi a fine, Mazzini sarebbe il Presidente della Repubblica Europea, ed il socialismo, ed il comunismo ci verrebbe regalato come il più bel frutto della rivoluzione! – Eccome come conchiude « Obbligata l'Austria a divergere le sue armate in più punti, la Francia *potrà* abbandonare Roma, e correre sul Reno a *rivendicare* le sue antiche frontiere; la Prussia si troverebbe tutta intesa perciò ad una guerra con la Francia, la Russia impacciata con la Polonia non potrebbe prestare ajuto all'Austria; quindi gl'Italiani potrebbero marciare sicuramente con 300 mila uomini sulla Venezia, mentre pochi battaglioni sarebbero sufficienti ad impossessarsi di Roma, ed a proclamare dal Quirinale l'*Italia una* » – Non vi sembra questo un racconto delle mille ed una notti? Il dirlo è facile: vediamo se potrebbe attuarsi.

Una Vittoria sul Danubio.

Lasciamo da parte che oggi più che mai la politica austriaca lungi dal rendersi pesante ed odiosa ai suoi popoli si è data a seguire un sistema conciliativo che non può produrre se non frutti di pace e di concordia. Lasciamo da parte che già dallo stato di probabilità può dirsi essere passato ad una quasi certezza l'accordo dell'Austria con l'Ungheria, con la Transilvania e con la Croazia, essendone pruove l'invito fatto all'Imperatore Francesco Giuseppe dai Magiari ungheresi per recarsi a Buda ed ivi con essi accontarsi; e le stesse parole pubblicate da Kossuth nel suo proclama datato da Londra. Ma mettiamo l'ipotesi, che queste popolazioni incitate dalla setta alla rivolta fossero restie alle larghe promesse di novelle concessioni che loro vengo fatte dal Gabinetto di Vienna; che ne avverrà mai? quali le conseguenze? – Diamo uno sguardo sinottico sullo stato presente delle cose, e potremo inferirne quale la conchiusione.

Oggi l'Ungheria, la Transilvania non sono fortemente unite, armate ed agguerrite come lo erano nel 1848 e mancano di ogni possibile mezzo per tentare una rivolta a mano armata – l'Inghilterra che fu sempre fucina di rivoluzione, anch'essa pensa contrariamente in questo fatto, poichè per essa la vita e la preponderanza austriaca è un gran peso da porre in contraposto alla Francia sua eterna nemica: quindi l'Ungheria nulla potrà sperare dall'Inghilterra, che condanna Kossuth pei biglietti di banca, e che avvicinatasi alla Prussia è la prima a consigliare una Lega Nordica, ed a proclamare (mentre si mostra propugnatrice dell'unità italiana) che il possesso del Veneto necessitasse all'Austria e alla Germania.

Ma se sconsigliatamente l'Ungheria rompesse guerra all'Austria, nel tempo medesimo che gl'Italiani si avanzassero con le loro armate (che sono ancora in progetto) sul quadrilatero? – Oltre a dire che l'Austria ha forze bastanti, e truppe agguerrite da poter resistere loro, sarebbe il caso già previsto dalle Potenze Nordiche, in cui esse sentirebbero l'alto interesse di rompere il non intervento per reprimere la rivolta interna, la quale minaccerebbe nel contempo la Russia e la Prussia ed in tal caso sotto la forza potente di questi tre colossi come resisterebbe la rivoluzione? – Avrebbe il fine stesso del 1848. Bisogna una volta che ognuno persuada, che la repressione della rivolta in Austria è del maggior interesse della Russia, e che questa correrà subito in suo aiuto quando la vedesse minacciata in modo da temersi che potesse soccombere.

Come dunque spera la setta di recarsi a Primavera sotto il quadrilatero, dove non troverebbe traditori, ed anime vendute che abbandonano le loro schiere, le quali senza capi e senza comando sono obbligate o a cedere o a sbandarsi (si ricordi un poco la campagna del

1860!!!) ma invece generali, capitani soldati di onore, che fino all'ultima gocciola di sangue difenderanno la loro bandiera, il loro principio, il giuramento dato, ed il loro legittimo Sovrano? Luigi Bonaparte che vorrebbe scongiurare tanto audace tentativo, ha detto pur chiaramente a Rattazzi, che se si volesse dal Piemonte andare a sfidar l'Austria sul Veneto, lo farebbe a tutto suo rischio e pericolo, non potendo egli implicare nell'attuale stato di cose la Francia in una guerra che susciterebbe la gelosia di tutta l'Europa – Senza quest'appoggio che farebbe l'Italia...? che farebbe egli il Piemonte dilaniato nell'intero degli Stati annessi da continue guerre civili e da perturbazioni politiche che oggi ha preso una spaventosa dimensione? senz'armata, armata che non ha potuto formare, nè formerà mai; mancante di mezzi; minacciate come ne sono le finanze da enormi debiti, e senza speranza di poter contrarre un nuovo prestito, anche se ne volesse pagare il 90 per cento? – A che dunque la spavalderia dei settarî, se non hanno 300 mila uomini; se non hanno pronti 1,500,000 lire al giorno che per una probabile guerra di due a quattro mesi ammonterebbero ad una ingente somma di 180,000,000 di lire?

Prefigersi uno scopo con la certezza di non poterlo attuare è opera da mentecatti – e questo noi vedemmo e vediamo nella presente rivoluzione che condotta ora a questo stato di terribili condizioni si dissolve da sè medesima come opera non possibile a sussistere. E poi infine a tutto concedere, anche che questa armata ideale, e questi mezzi ipotetici vi fossero, potrebbe tentarsi una guerra contro schiere agguerrite come le austriache con schiere di giovani coscritti, che non seppero mai che sia arma, fuoco, e battaglia? Che mi si potrà rispondere a questi che sono argomenti di fatto, e non opinioni, o parole....???

XI.

Ma infine questa rivoluzione, conchiudono i Settarii del Piemonte, è stata manipolata nel focolare sempre acceso dell'Inghilterra; e questa Nazione ci condurrà per mano alla finale ricomposizione d'Italia

– Essa prestò danari, ed armi, diede uomini, e mezzi attivissimi per compierla, essa che sembra essersi messa a capo del progresso Nazionale, sarà la spinta fisico-morale che ci farà salutare Italia una ed indipendente. –

L'argomento dei Settarii porrebbe positivamente in discompiglio la logica dei fatti, se noi dalle storie e dall'andamento politico di quella Nazione non deducessimo quale fede dovremmo prestarle. – I saggi credono tanto all'ajuto dell'Inghilterra nella causa Italiana, quanto potrebbero sperarne dal Bey di Janina – L'Inghilterra è una Nazione che pensa a sè, alle sua fabbriche, al suo commercio, ed allo smercio de' suoi prodotti – Essa ha interesse che non vi fosse mai tranquillità negli altri Regni, poichè la sua ricchezza le diviene da un fatto diametralmente opposto a quello da cui scaturisce la ricchezza negli altri Stati; avvegnacchè là dove gli altri Stati han bisogno della pace per esportare le loro manifatture, ed i loro prodotti commerciali, l'Inghilterra siccome non ha che ristretti prodotti indigeni, e tutto quanto è anima del suo commercio nella maggior parte proviene dall'industria delle arti meccaniche, così per l'interesse che ha di smaltire fucili, revolver, cannoni, sciable, polveri, bombe, palle, ed altro di simil genere, ha bisogno di proteggere le rivoluzioni ed attizzarle. –

Ma chiamate l'Inghilterra e prestare ajuto potente e positivo per attuarla con i proprii mezzi e vi farà cadere dal Cielo in terra in un attimo. –

L'Inghilterra ha tenuto nel suo seno il covo della rivoluzione Italiana; ma quando gl'Italiani la richiesero in ajuto, che rispose mai? – È storico - « non spenderò mai uno scellino, nè la vita di un uomo per la causa d'Italia ». Anzi il più chiaro fatto della sua politica è la scuola di quanto da 14 mesi succede fra noi – Quando la Francia toglieva all'Austria la Lombardia, l'Inghilterra diede una spinta alla pace, ed al trattato di Villa-franca, e dichiarò (ripetiamolo) necessario alla vita ed alla sicurezza della Germania il possesso della Venezia per l'Austria – Dunque non voleva Italia una – la Francia stabilitasi in guarnigione a Roma per la tutela del Regno e dell'indipendenza del Santo Padre fece un grand'ostacolo, anzi ricisa volontà dimostrata al Piemonte, che Roma sarebbe sempre del Papa – Allora l'Inghilterra s'italianizzò, e le venne la smania dell'unità per mantenere alla Francia uno spirito di contrarietà – I Giornali Inglesi chiassarono contro Napoleone all'unisono, ed il Gabinetto di S. James applaudiva segretamente ai *meeting* che trincavano alla salute della *futura* Italia una – Napoleone cominciò a sviluppar la sua politica, e disse – Per Roma non bisogna pensarci – Subitamente l'Inghilterra, non pel fine di far l'Italia una, che è ben persuasa non poter giammai avvenire, ma per mettere in un brutto bivio Napoleone, o di romperla con l'Italia mettendosi a capo del partito clerico-legittimista, o di romperla con questo e precipitare la Francia in una rivoluzione, animò il *Times* a consegrare due colonne *mostre* a favore dell'Italia – Ma chi dovea prestarle fede se essa è a capo della coalizione Nordica, se dove vi è Austria, Prussia e Russia, vi è l'Inghilterra? – Crederebbesi mai di veder l'Inghilterra con l'Italia e con la Francia se una guerra si rompesse con l'Austria? – No – decisamente nò – o sarebbe neutrale per esser pronta a dispensare armi e polvere ad ambe le parti contendenti, o con la sua imponente marina si pianterebbe nell'Adriatico, e nell'Jonio per tutelare Venezia, Trieste, e la Dalmazia, perchè non fossero mai restituite all'Italia. Ed in fine ora quale è la politica che tiene? – Manda in Italia 25,000 fucili (s'intende a lire sonanti) per armare il Piemonte e fa pubblicare dal *Daily News* un progetto di confederazione tra regni di che si formerebbe l'Italia con tre Regnanti che sarebbero Vittorio Emanuale pel Nord, il Papa pel centro, e Francesco II per quello del mezzo giorno, e poi fa conchiudere *l'idea dell'unità italiana bisogna affondarla nel Mar Rosso* – Da ciò si deduce la stabilità di questa Nazione, che tradirebbe il suo carattere se non simigliasse all'onda del mare, di cui si dice Regina. –

L'Inghilterra è una potenza eminentemente calcolatrice, ed ha ben veduto che il partito più forte delle potenze Europee è quello della pace, dell'ordine, della legittimità: quindi la sua politica è precisamente oggi più legittimista nel fondo; non importa che all'esterno prometta, consigli, e si tenga continuamente fuori dal mettersi in impaccio – Essa fu, è, e sarà sempre nemica della Francia Napoleonica; quindi dove trovasi nemico della Francia, là la troverete o con l'armi o con la rivoluzione alla mano – La storia politica dell'Inghilterra è stata sempre la stessa, e non rimuterà mai – Essa è in pace con tutti, e non è con nessuno amica; è in guerra con tutti, e non fa guerra con nessuno – Il suo fine supremo è l'umiliare la Francia – E questo mezzo potrebbe ottenerlo se Napoleone III, da quel profondo ed abile uomo di Stato che è, non avesse *con i fatti* dichiarato che lo *Status quo* a Roma è il primo passo della restaurazione dei Principi, e della morte sicura della rivoluzione – Le parole dette da Guglielmo Re di Prussia nella incoronazione a Konisberga lo han fatto decidere a mettere la sua mano onde pacificare i diversi Regni d'Italia e scongiurare una guerra a tutt'oltranza che nell'attuale commovimento universale potrebbe esser fatale a tutti, e più a chi imprudentemente la consigliasse.

XII.

Concludiamo – *Quale lo stato esterno d'Italia*? Disgusto ed ostilità *per ora* morali delle potenze Europee dove più, dove meno rivelato –; perniziosa ed infinita simpatia dell'Inghilterra; abbandono per parte della Francia; un'armata minacciosa, forte ed agguerrita sul Po – Impossibilità di aver Roma a Capitale; impossibilità di provarsi con l'Austria pel possesso del Veneto.

Quale lo stato interno? Insurrezione armata nel napoletano: malcontento evidente per l'indirizzo dell'amministrazione governativa: guerra invisa di diffamazione contro il Papa, e contro la Religione dei nostri padri: propaganda a-cattolica; demoralizzazione evidentissima; inconciliabilità di leggi, di costumi, di sistemi; miseria crescente che lo stesso Conte Ricciardi ha pubblicamente dichiarata nel Parlamento, dove ha paragonato lo stato attuale delle Provincie napoletane con quello floridissimo in cui si era sotto la dominazione dei Borboni: imposte poco omogenee al nostro modo di vedere; operai, impiegati, aristocratici, preti, civili, e militari tutti in disgusto: certezza di essere tenuti schiavi da un piccolo Regno, che modellato a grande si fa tiranno dei popoli.

Chi si fiderà negare questi fatti che cadono sventuratamente sotto gli occhi di tutti? È altro che questo il corpo cangrenato che si vuole a forza chiamare Italia? La rivoluzione ci ha addottrinati con l'esperienza; essa ha scoverto le occulte latebre del cuore di chi si chiamava patriota e non è stato che ladro e parricida!

Oggi tutti gli occhi della politica sono rivolti su di noi. Le Potenze dell'Europa son convinte dell'universale sentimento che reclama con la restaurazione dei Principi legittimi la pace, e la sicurezza delle Città. Esse non desisteranno più dal correre in aiuto di queste misere terre manomesse da Vandali efferratissimi. Le mene dei settarii furono sventate.

Il primo bollore che si destò all'idea dell'indipendenza Italiana è spento, poichè ognuno potè vedere che valga tirannide di setta rivoluzionaria. Il voler continuare in questa via è un suicidarsi: ed il suicida non ha scusa, nè in morale, nè in civiltà, e quando dovesse alzarsi una voce a difenderlo, dovrebbe essere di chi compatisca l'infelice che per una riparazione suprema all'onore abbia perduto il ben dell'intelletto. Ebbene le varie Città d'Italia, se non pesassero oggi con maturo calcolo i loro destini, si suiciderebbero senza salvare il loro onore...... a simiglianza del folle che crede giungere più repentinamente al basso di un erto edifizio slanciandosene dal culmine. Il desiderio dei buoni, degli onesti, dei probi, dei veri patriori è la restaurazione dei Re legittimi, la cessazione di ogni guerra civile, di ogni odio, d'ogni vendetta.

La parola di perdono, di concordia, e di carità informò il nuovo patto con che Cristo affratellò i popoli.

Non avranno gl'Italiani il vanto di aver salvato le loro Città, le loro Case, le loro sostanze con la dottrina di Cristo condannando al rogo con un grido di esecrazione delle di Lutero, di Voltaire, di Robespierre?

Le Potenze di Europa vaglino maturamente questi fatti, e non mettino in oblio che il fuoco non smorzato a tempo in una parte dell'edifizio s'attacca sin sulla sommità di esso, e lo distrugge!

I NAPOLETANI AL COSPETTO DELLE NAZIONI CIVILI

Edizione di riferimento: Livorno 1861.

CAPITOLO PRIMO

La setta mondiale

Le nazioni civili che mirano lo svolgimento di questo gran dramma italiano, iniziato a nome della civiltà e del progresso, saran per fermo stupefatte al mirar la rea lotta che spezialmente nel reame delle Sicilie procede cruenta ed atrocissima fra Italiani ed Italiani. Dopo tante lamentazioni contro lo straniero, non è già contro lo straniero che aguzza e brandisce le arme quella fazione che vuol parere d'esser la italica nazione. Pervenuta ad abbrancare la potestà, ella non assale già il Tedesco, nè il Franco, nè l'Anglo, che tengono soggetta tanta parte d'Italia; ma versa torrenti di sangue dal seno stesso della patria, per farla povera e serva. Ella grida l'unità e la forza; e frattanto ogni possibilità d'unione fa svanire, con la creazione di odii civili inestinguibili; e distrugge la sua stessa forza in cotesta guerra fratricida e nefanda, che la parte più viva e generosa della italiana famiglia va sperperando ed estinguendo. L'Italia combatte l'Italia. Gli stranieri potentissimi e formidabili sogghignano e preparano le arme; in mentre le persone, le industrie, il commercio, le arti italiane e ogni forza va in fondo, fra gli spogli, le fucilazioni, gl'incendii e le ruine. L'Italia subissa l'Italia.

Nè solo nella parte materiale subissa: il dileggio ch'ella fa del dritto, della morale e della religione, sono mali più gravi: perocchè accennano a corrompere il popolo, ne degradano agli occhi dello straniero, e ne svergognano quivi appunto dove volevamo sovrastare a tutte le genti. Dopo tanti sterminati vanti del nostro *primato* civile, ora diamo spettacolo d'avidità da pirati, di barbarie esecrande, e di cinismo e d'ateismo vestiti di stucchevoli ipocrisie. Primi ne proclamavamo, e mostriamo esser ultimi. Una immoderata baldanza ne inorgogliva, e ne faceva credere esser noi sol mancanti di forza materiale; ed ora quando poniam mano a stringere la forza, esperimentiamo non esser d'altro capaci che di suicidio, e perdiamo bensì la forza morale. Si anelava prima al compianto, poscia all'ammirazione della terra; invece riusciamo a meritarne il disprezzo.

Non pertanto non è indarno che la Provvidenza permette tante catastrofi. Il fuoco purifica l'oro, e le sventure purificano la società: e forse da questo fuoco ch'ora ne scotta ed atterrisce, sorgerà la nazione italiana monda e splendida per religione e per virtù, che son la forza vera ne' secoli civili. L'uomo ingegnoso si valse della foga de' torrenti per macinar le biade; e forse per questo torrente rivoluzionario che ora ne inverte, potrà l'Europa con l'aiuto del Signore abolir per sempre le superbe ambizioni, e unire le sue varie stirpi nel comune interesse dell'amore e della pace.

Prima che l'uomo fosse sociale fu solingo e selvatico; e il pugno più gagliardo imperava. Ma i deboli si unirono insieme; la comunale forza fu messa agli ordini del magistrato; e la società civile fu fatta. Così se il mondo avesse potuto contenere una società sola, non avrebbe veduto le guerre che sono la brutalità delle nazioni. Ma per lunghi secoli l'una società insidiava o asserviva l'altra; sicchè il Cristianesimo le strinse quasi tutte nel suo amplesso. La religione fu il magistrato che mise in potenza di civiltà le nazioni. Però la guerra è un ritorno della società allo stato brutale; è dar ragione alla gagliardia del pugno. Il mondo pertanto sarà pienamente civile, allora quando le stirpi umane, di qualsivoglia linguaggio, congiunte in Cristo, avranno il magistrato che diffinisca le loro liti, e vieti il tuonar del cannone.

Veggiamo per contrario che si fan qua e là sorger desiderii esclusivi di nazionalità. Invece di anelare ad esser tutti una famiglia, tentiamo a disunirci con l'egoismo delle razze. Anzi che abolire la idea di straniero, la esageriamo, e risvegliamo le gelosie e le ambizioni. Ma questo pensiero che ne richiama a' tempi rozzi, e fa considerare nemico qualunque parli diversa lingua, è pensiero vecchio che accenna a disgiungere quanto Cristo annodava; è ritorno al paganesimo che appellava barbaro lo straniero, e lo voleva morto o servo. Ma noi siam tutti figli d'uno Adamo, tutti fratelli; e piuttosto che evocare dalla notte de' secoli i pagani concetti delle nazionalità, per isconvolgere e saccheggiare il mondo, ci sarebbe opera insigne il torre via per sempre il mal vezzo delle guerre e delle conquiste. Siccome il ricco è uguale al povero innanzi al magistrato, così la piccola Norvegia dovrebbe essere uguale all'ampia Russia innanzi al magistrato delle nazioni. E se un congresso permanente fermasse per sempre il codice internazionale, e avesse una comunale forza per la esecuzione de' suoi decreti, ei si farebbe della cristianità una sola famiglia, faria pari il debole al forte, annienterebbe le antipatie nazionali, abolirebbe tante arme parassite, e porterebbe gli uomini al vero stato civile, al quale il creatore li destinava.

Tanto pensamento, che fu lungo sospiro dell'umanità, non credo abbia sempre a rimanere inadempiuto. I bisogni reali dell'uman genere, l'avanzamento del secolo, il maraviglioso esplicamento delle forze sociali, l'idea mondiale che s'indirizza unanime a Dio, il comunal desiderio di pace e di prosperità, i vincoli sempre più estesi del commercio, l'elettricismo, il vapore, le montagne forate, gl'istmi tagliati, son tutti larghi passi verso una civiltà piena e non lontana, che agguaglierà lo potenze, e farà tacere le ambizioni e le vanità. Pienamente allora Cristo avrà regno.

Ora questa perfezione sociale, che assicurerebbe davvero la uguaglianza, la fraternità e la libertà, con lo esaltamento della religione, è contrastata e combattuta appunto dalla fazione che ha per apparente divisa *Uguaglianza, fraternità* e *libertà*. Essa ritorce il sentimento di tai parole per minar la religione e la società. Va gridando le nazionalità per subissare le nazioni e derubarle, e far poi di tutte una famiglia sociale, senza Dio e senza leggi. È una setta latente che aguzza l'arme avvelenate nel buio e nel mistero; congiura e colpisce, trionfa e si palesa; e s'è abbattuta, si rituffa nelle tenebre, per ripigliar nuova lena. È una potenza sotterranea, che fa guerra a tutte le potenze della terra. Essa non è già italiana soltanto, ma spagnuola bensì, e francese, e alemanna e russa e britanna e americana; da ogni banda ha misteriosi o palesi conciliaboli; stende in qualunque luogo sue branche, s'impadronisce della letteratura e delle scuole, lancia i suoi sofismi capziosi, e propugna motti ed opinioni. Essa corrompe la popolazione, inventa la storia, investe le giovanili menti, e le abbarbaglia con le splendide parole di libertà, di giustizia e indipendenza; e mentre il contrario vuole e fa, ipocritamente fa grandi promesse, abbassa con calunnie i virtuosi, magnifica i suoi adepti, e lor fa strada a' governi, a' magistrati, alle università, alle milizie, e talvolta agli alti seggi del clero; e sinanco le reggie ed i troni, e i consiglieri de' regi, ed i regi stessi corrompe e fa suoi. Essa impera come Satana, ed ha schiere infinite di demoni ubbidienti; essa comanda le *dimostrazioni,* le barricate, gli opuscoli, i regicidii, le pugnalazioni, le fucilazioni e gl'incendii della città. Essa mai non retrocede. Vinta, s'atteggia a vittima; stampa libri a difesa dei Bandiera e de' Pesacane: piange e deifica i Milano, gli Orsini e i Locatelli, accusa i giudici d'ingiustizia e di tirannide; e prepara nuovi colpi, e rumina altri misfatti. Vincitrice, è frenetica; tutto abbatte e strugge, piglia ogni cosa, saccheggia, sperpera; dona, rimuta, e fa vendette di sangue. Non lascia le oneste parole, ma alla luce del sole le smentisce con fatti orribili; calunnia i caduti, li spoglia e percuote; e procede dritto alla sua meta; cioè a quello che appellan socialismo, ma ch'è la negazione della società. La setta è il rovescio del Cristianesimo. Cristo unisce le nazioni in uno amore di Dio; la setta disunisce bensì le famiglie, e ispira all'isolamento dell'ateismo.

Nè tampoco ell'è contenta d'un trionfo solo. Essa fe' la rivoluzione francese, e volle in ogni parte propagarla; essa menò Luigi XVI al patibolo; essa si rivoltò contro le sue stesse membra, e die' favore a Napoleone, e il fe' cadere; essa consigliò a Carlo X le concessioni, e fece re il suo capo Luigi Filippo, ed essa stessa questo non ubbidiente suo strumento spezzò e cavò di seggio. Fu dessa che congiurò contro la repubblica del 1848; ma vinta sulle barricate di Parigi, si vendicò del Cavaignac col farlo superare da quest'altro Napoleone, al quale manda alla sua volta le bombe dell'Orsini. È dessa la variopinta iride di tutti i motti rivoluzionarii. In mentre gavazza in Italia sotto il vessillo d'un re ignorante, alza la bandiera rossa in Ispagna con un Perez, fa morire i Teleki in Ungheria, commove le passioni polacche, divide l'unione Americana, e sin nella fredda Russia tenta sue prove. Qui deifica un re, colà grida repubblica, altrove indipendenza o affrancamento. Qui vanta le felicità costituzionali; e là manda un Beker a colpire il costituzionale re di Prussia, e i Merino e i Donzios a ferire le costituzionali regine di Spagna e di Grecia. Costruisce plebisciti in Italia, e tenta percuotere in Francia un imperatore uscito dal plebiscito. Esalta fra noi la nazionalità, e la nazionalità contrasta in Irlanda. Sono mezzi diversi, serventi una stessa idea. Vuolsi la rivoluzione in qualsivoglia modo si possa avere. In Italia comanda l'unità; ingiunge la divisione in Ungheria ed in America. In Italia stessa gridava non ha guari in principio *lega italiana*, Papa Pio nono; ora non più lega, non più papa-re, non Pio nono; anzi fuori il papa, fuori il cattolicismo, abbasso i preti. E mentre qui fa buon viso al protestantesimo, nella Germania protestante predica l'ateismo; perchè essa nessuna delle cose che grida vuole veramente, ma veramente vuole la roba altrui.

Procedente sempre infaticabile in verso lo scopo suo, la setta si modifica, si dilata, si accorcia, e muta bensì nomi a seconda de' luoghi e de' tempi. Prima eran Templari, poi Massoni, poi Illuminati, Giacobini, Carbonari e radicali e socialisti. Non ha guari s'appellavan *la giovine Italia,* ora si gridano *unitarii* qui, *separantisti* in America; e qual nome si daranno domani? La setta mondiale aspira a rovesciare l'ordine presente del mondo. Vuole una qualunque mutazione, per pigliarsi il mondo. È la guerra di quelli che non hanno a quelli che hanno.

È quasi un secolo che fatti terribili e sanguinosi vansi svolgendo in fra quattro generazioni. Parecchi milioni d'uomini sono caduti per ferro, per mannaie, per cannoni e per istenti; molte famiglie illustri andarono esulando per la terra, un buon re ebbe il capo mozzo, parecchi ne furono cacciati dalle loro sedi, non pochi principi e grandi caddero per veleni, e per pugnali; non poche città patirono saccheggi ed incendii, innumerevoli campi vennero devastati, molte flotte, molte prosperità, molte ricchezze distrutte; e la storia già novera assai nomi di luoghi famosi per battaglie e ruine. E che ha guadagnato l'umanità? Si è poi proprio raggiunta e goduta più che innanzi la tanto proclamata libertà? Risponda qui la coscienza delle nazioni; risponda questa misera Italia nostra, anzi non più nostra; la quale venne affranta ed oppressa da tutte genti; che in nome della libertà vide spegnersi a forza nel suo seno quelle due nobilissime repubbliche di Genova e di Venezia, ultime reliquie delle andate nostre grandezze; e che là dove avea già solo il Tedesco, ora è dominata e sospinta da Tedeschi, da Francesi e da Inglesi, e fatta campo miserando di battaglie! Questi progredimenti e questi ceppi s'ha guadagnati l'Italia sotto lo stendardo della bugiarda libertà.

Certamente la libertà è sommo concetto. Iddio creatore miselo nel cuore umano, insiem con quelli del dritto e della religione; ogni bell'anima lo sente, lo vagheggia, e per esso combatte e patisce e muore onoratamente. Ma la setta congiuratrice non vuole la libertà, fuorchè sulle labbra e su' vessilli. Vuole invece la guerra civile, l'anarchia, gli alti seggi, le imposte sforzate, le grasse mercedi, l'abolizione degli altari e delle leggi, il comunismo, la distruzione della famiglia sociale, e la tirannia de' peggiori su' migliori, del gagliardo sul debole, e della rapina sul dritto. Grida libertà, ma impone cieca ubbidienza a' suoi seguaci, e loro aguzza i pugnali, e poi senza pietà li lascia cadere su' patiboli. Per tutta la vita li fa congiuratori, sospettosi ed infelici; lor promette beni che non può dare, li domina nelle azioni e ne' pensieri, e lor nega anche il libero volere. La setta sospinge l'umanità a subire la tirannide, o ad esser tiranna.

Ma v'è una vera libertà. A malgrado di quella liberalesca tirannia che a tutto attenta, vi sono al mondo animi liberi che ne sdegnano le catene, e liberamente eleggono il dritto e la religione. L'uomo onesto è libero. Egli non ha ceppi, ma ha l'amplesso della virtù; non agogna l'altrui, non è comandato che dalla legge; e quando la liberale genia spalanca le carceri, gli esigli e le tombe insanguinate, egli almen libero di anima, santificato dall'esempio di Cristo, sopporta e muore, pugnando per la patria, per gli altari e la ragione.

La gente settaria appella tirannide la difesa che la società è in debito di fare contro le sette. Ma quando poi rovesciata la società quella per poco trionfa, allora non abolisce già le tiranne carceri, ma le declupa, e v'aggiunge le fucilazioni illegali, e gli esilii sforzati, e ogni sorta di vendette e persecuzioni contro i liberi propugnatori del dritto. Allora dispoticamente calpesta ogni legge, e anco le sue stesse leggi; allora impera orgogliosa, e morte a chi rilutta. Essa grida: Sii libero o muori! cioè, sii mio schiavo o muori: vale a dire che gridando libertà uccide la libertà.

Se le nazioni civili danno uno sguardo spassionato a' nequitosi fatti perpetrati e che ancor più crudelmente si van perpetrando nelle Due Sicilie, vedranno in orribile specchio e nefandezze di questi tiranni. Le nostre sventure furono tanto enormi, il presente servaggio è sì efferato, e i nostri sforzi per redimerci e ricuperare la libertà saran così veementi, che forse di avviso riusciranno a' contemporanei e di ammaestramento agli avvenire. Però noi, decimati da ingiusti assalimenti, da fucilazioni atrocissime, da nefandi giudizii illegali; noi decaduti da quella prosperità invidiata che ne faceva primi in Italia; privi d'ogni maniera di quiete, schiavi nella stessa nostra patria, impediti e depressi in qualsivoglia manifestazione del pensiero; fra' saccheggi e gl'incendii, fra le calunnie e le percosse, fra le bombe e i pugnali, fra le prigioni e gli esilii, fra le catene ed il sangue, leviamo la voce in nome della umanità e del dritto imprescrittibile delle genti, per protestare innanzi all'Europa ed alle nazioni, contro l'iniquo e cruento servaggio, che da sedici mesi grava sulla nostra cara patria, e che ha fatto del più bel giardino del mondo uno spettacolo di devastazioni, una piaggia miseranda di pugne brutali, e di offese e di vendette.

Popoli civili della terra, voi che udivate di continuo lo ipocrito compianto d'una serva Italia, e che per libero lancio di anime generose aspettavate a vederla ora felice e redenta, uscite d'inganno. Ell'è una trista ironia lo appellar *risorgimento* questo subissamento del bel paese; il dir *libertà* queste torture, queste miserie, questi colpi di stile, queste sanguinose punizioni d'ogni pensiero patriota; il vantare *indipendenza* questo servire al Piemonte, servitore d'oltremonti; e 'l proclamare *civiltà e progresso* questa depressione d'ogni pubblica morale, questo combattimento alla religione, questo cinico abbrutimento, questo retrocedere al pensiero pagano, e questo rio trionfo, quest'orgia, questo debaccare di non mai sazia cupidigia, e di sete indomabile d'ambizione, e di struggere e imperare. Gli operatori del male si coprono di parole buone; il fango s'ammanta di oro; e l'inferno abbattendo e straziando, proclama celestiali dolcezze.

Popoli della terra, disingannatevi; fremete, compiangete i mali nostri inenarrabili; ergete a Dio le preci perchè si degni volgere a noi prostrati uno sguardo di misericordia, ed esaudisca le lagrimose preghiere di due milioni di famiglie che mattina e sera supplici e in ginocchio, levano la voce dall'anime affrante e spaurite. Popoli della terra, non insultate alle nostre sventure, col plaudire a' nefandi oppressori; non sublimate le catene d'una infelicissima nazione, dichiarandola beata e redenta. Deh! pregate per noi; incoraggiate almeno con voti di simpatia gli sforzi nostri, pel riconquisto della libertà e dell'indipendenza.

Sì, la nostra causa ha gagliardi sostegni. La virtù non è ancora morta. Se una setta sta contro di noi, stan per noi le nazioni. *Contro Dio si combatte, ma non si vince.* La navicella di Pietro non affonda. Oggi la cristianità si leva tutta; e bensì i protestanti han compreso che non di Papa solo, e a' Re, e a' Napoletani, ma alla religione, al dritto e alla civiltà si fa guerra. Un numero grande di opuscoli e di libri d'uomini insigni già schiarano le menti; l'opinione regina del mondo ritorna sul retto cammino, e dà la inappellabile sentenza; il dritto trionferà. Già nelle ultime tornate delle camere legislative di Francia, di Spagna, d'Inghilterra e del Belgio fu protestato da molti onorandissimi pari e deputati e senatori;[1] e i nostri cuori balzarono per le consolatrici orazioni di quell'anime belle che sollevarono coraggiosamente la verità conculcata. Deh! seguitino con maggior lena ancora a queste novelle sessioni parlamentari nel nobile arringo; ogni loro parola è a noi di refrigerio; i nomi di quei campioni resteran segno alla gratitudine de' nostri figli, e più che in adamante saranno scolpiti nella storia per la venerazione dei secoli. La virtù che alza il braccio a difesa degli oppressi è spettacolo di paradiso.

Nondimeno perchè meglio siano palesi le nostre ragioni, qui vogliamo dichiararle a parte a parte. Son corse pel mondo tante codarde invenzioni su' fatti nostri, ch'ei non sarà indarno rimondarli, è presentarli alla luce, in un tempo quando niuna cosa è di maggior pericolo che a dire il vero. La menzogna coi pugnali comanda il silenzio per imperare; ma è tempo omai che il buio sia squarciato dal sole, e sfavilli il vero prepossente. Facciamo il bene con coraggio; perchè fa più danno il bene infingardo che il male operoso.

CAPITOLO SECONDO

Quale era il nostro paese

Il reame delle Sicilie, molto dalla stampa rivoluzionaria a' passati anni calunniato, non era secondo a nessuna nazione incivilita. Ei basta dare uno sguardo nelle *Guide pe forestieri*, per intendere il valore immenso di monumenti, di strade, di città, d'acquedotti, di ponti

[1] FRANCESI: La Roche Jaquelein: M. de Boissy: Heeke: rem Card. Matthieu: V. de Suleau: Card. Donnei: Barthe - C. Segur d'Aguessau: Card. Bonald: Card. Morlot: Flavigny: Jouvenel: Kolb - Bernard: Keller: Segur: Lamoignon: Plichon: D'Andelarre: Dalloz: O' Quin: Latour. INGLESI: D'Israeli: Lord Normamby; Hennessey: Bowyer: Maguire. BELGI: Dumortier: Van Oveloop: Nothomb: Medelker: Dedeker: Vilain XIIII: Dechamps: de Thun: Kervin de Lettenhove. SPAGNUOLI: Narvaez; Concha: S. Miguel: Serran: Isturiz: Rivas: Miraflores: Viluma: Veragua: Osuna: Medinaceli: Ros: Pencela: Mirasol: Martinez de la Rosa: Pidal: Mon: Gonzales: Fernandes: Vega: Calderon-Collantes: Navarro: Sancho: Navarcués: Zorlila: Torrecillat, ec.

di pietra e di ferro, d'arsenali, d'opifici, di quartieri, di ginnasii, di teatri, di popolazioni, di prodotti, d'agricoltura, di pastorizia, di porti, di commercio e di arti che abbelliscono queste contrade. Poste le proporzioni di ampiezza e di numero e di condizioni, niun paese al mondo s'ha maggior somma totale di beni, e più a buon prezzo, e più opportuni, e meglio distribuiti. In mentre le città qui son belle e decorose, e ricche e popolate, ogni pur minimo villaggio ha la sua strada per ruote, la parocchia, il camposanto, il ponticciolo sul torrente, l'orologio, il posto delle grasce e della neve, il monte frumentario e de' pegni, il maestro di scuola, il medico, la farmacia, un qualche convento, o un opificio, o una qualsivoglia opera speciale, onde tragga lavoro e sostentamento la gente minuta. V'è in ogni parte operosità ed agiatezza. Qualche provincia, come quelle di Napoli e Terra di Lavoro, non hanno una canna di terra che non sia messa a profitto. Ne' sessant'anni di questo secolo il reame ha cresciuto la popolazione più d'un terzo; eppure ebbe guerre, tremuoti, uragani, eruzioni vulcaniche e colèra. Il colèra appunto, ragguagliato al numero, qui per la bnona igiène, fe' meno vittime che altrove.[2] Qui in proporzione v'han meno accattoni che a Parigi ed a Londra, e i poveri veri sono rari. Le statistiche dei delitti sono tenui.[3] Il debito pubblico, fatto il più per rivoluzioni, scemava ogni anno; e giunse a tanto che ascese al 120 per 100, con esempio unico nelle nazioni.

Le nostre leggi, prodotto della sapienza de' secoli, eran nel civile e nel penale sì buone, che fur sovente di ammirazione e di emenda allo straniero. Solenni e pubblici erano i riti de' giudizii; sicchè poteva piuttosto restare il reo impunito, anzi che condannato l'innocente. Eran le prigioni ampie e nette, e ordinate secondo lo scopo delle pene, cioè la custodia e la correzione del condannato, fra la

[2] In Maddaloni, città di diciottomila abitanti, dove alquanto infierì, ebbe nel 1854, soli 272 colerosi; quindici su mille.

[3] Cito anche Maddaloni. Nel 1859 furono 40 imputazioni di misfatti, e 161 di delitti lievi, certamente più che la metà non provati rei. Laonde non fu neppure un reo su mille abitanti, in una città commerciale, dove frequenti possono essere le risse.

religione ed il lavoro.[4] Avevamo la piena libertà civile, senza distinzione di caste o di persone, tutti uguali innanzi alle legge; però talvolta fur visti i magistrati emanar sentenze fra' sudditi e la stessa casa del re, e dar torto a questa.[5] La proprietà era sacra; la sicurezza pubblica non fu mai tanto guarentita in questo montuoso reame quanto negli ultimi sei lustri; sicura e facile era la circolazione de' valori, protetta la santità dei contratti; la successione de' beni era regolata secondo i più moderni dettami del dritto, senza vincolo; in guisa che niuna parte di possessione poteva a lungo essere sottratta all'industra umana. L'amministrazione civile aveva, per la tutela de' comuni, leggi d'eccezioni, che slancciavanla dalle forme consuete; la quale a malgrado de' piccoli suoi difetti (e quale opera umana n'è senza?) pure in mezzo secolo ha prodotto a' municipii incrementi e beni ignoti agli avi nostri. La religione e la morale avean rispetto e tutela; il costume avea forza di buoni esempli; era tutelata la salute pubblica, sostenuta la istruzione elementare, moltiplicati i matrimonii, e più ancora le industrie, le colture, i capitali circolanti. Il commercio era florido, e forse destava gelosie ed invidie; operosa era la marina mercantile: nuove cale, nuovi porti, nuovi fari, nuovi bacini da raddobbi, nuove fortificazioni di difesa sorgevano sulle nostre coste. Le terre incolte eran messe a coltura, asciugate le paludose, divise le già feudali fra le popolazioni indigenti. Con le nuove strade rotabili e ferrate, co' nuovi opificii, con gl'istituti d'arti e mestieri, con le scientifiche ed artistiche accademie, con le scuole

[4] In Aversa il carcere per le donne a S. Francesco di Paola può essere di modello alle più culte città. Più che carcere è educandato. L'edifizio ha forma di chiostro. Ivi le arti, il vitto, gli esercizii religiosi, i dormitorii, tutto è ordinato a guisa di monastero. E avvien talvolta che le condannate, compiuta la pena, lascian piangendo quelle pacifiche mura, dove impararono l'arti di mano, e l'altre più belle e durature del cuore e della morale.

[5] I comuni d'Airola, S. Agata, Moiano e Bucciano litigano pel prezzo di macinatura ne' molini del Pizzo, di Casa reale; chè volevano ritenerlo a grani 21,2 il tomolo, per forza d'una concessione di Carlo III. Il Consiglio d'Intendenza diè ragione a Comuni; la Gran Corte de Conti lor diè torto; la Consulta di Stato si scisse in pareri. Re Ferdinando II s'attenne al parere della minoranza; e col danno de' suoi molini decise a pro de' Comuni; i quali sono pertanto in possesso di quel privilegio che lor fa macinare i grani a bassissimo prezzo, e quasi per nulla.

tecniche ed agricole, con gli orti botanici e sperimentali, co' monti di pegni e di frumento, con le casse di soccorsi, di prestanze, di risparmio e di assicurazioni; co' ritiri, con gli ospedali, con gli asili infantili, con le case pe' proietti, con i conventi e monasteri, non v'era stato, nè età, nè condizione dell'umana vita cui non si desse il braccio soccorritore. Così la pubblica ricchezza era elevata a grado eminente. Così pel buon governo le imposte eran le più lievi in Europa. E non pertanto bastavano a pagar ricche liste civili; a tenere in piè una flotta ch'era prima in Italia; a sostenere centomila uomini, armati di tutte arme; a spendere ogni anno cinque milioni di ducati, in fabbriche ed opere di universale utilità; a bonificare immense terre melmose intorno al Volturno; a rettificare e a incanalare il Sarno; a far strade ferrate; e a metter su quel magnifico edifizio di Pietrarsa, che per macchine di ferro e di bronzo ne avea fatti franchi dalla straniera importazione.

E nulladimeno la operosa parsimonia governativa avea sempre modo da tenere in serbo un tesoro per ogni evento. Erano in cassa *trentatrè milioni di ducati,* quando il liberatore Garibaldi vi mise su le mani, e li fe' disparire. Quella parsimonia ne faceva scemare i debiti, quando i governi liberali li decuplicavano. Quella parsimonia fece che nel 1859, quando la carezza del grano, pe' scarsi ricolti, e qui e altrove, aggravava la povera gente, avesse potuto Francesco II mandare a Odessa suoi navigli, a comprar biade a caro prezzo, e venderle ne' mercati, e sin nelle più irte gole di monti a prezzi miti e sopportevoli da qualsivoglia indigente.[6] Per quella parsimonia re Ferdinando aveva potuto soccorrer Melfi e Potenza, colte da' tremuoti, e fabbricar navigli da guerra, e dar grosse limosine, e sorreggere qualche municipio con larghi prestiti a tempo, e far nuove muraglie a Messina e a Gaeta, ed elevare ospizii, e templi magnifici al Signore.

[6] Dal 22 luglio 1859 di 16 luglio 1860 entrarono nel regno tomola di grano 2,767,821: di grani d'India 244,898: di orzo 34,295: di avena 46,358: di riso cantaia 26,588,36: e cantaia 78,521,77: di farine. Vedi i giornali uffiziali.

Questo era il governo di Napoli, cui un nobil lord d'Inghilterra, certamente tratto in errore per la malizia delle sette, disse con enfatico motto *esser la negazione di Dio!*

Ma la sopravvenuta rivoluzione gli dà le smentite; lo smentisce la presente distruzione di tante opere buone; lo smentiscono i pianti nostri, e le disperate armi che suonan vendetta su' monti appennini. E più si sono ahi troppo affrettati a smentirlo i rigeneratori Torinesi! Dopo tante sperticate promesse di tutto dare, tutto ne han tolto; e solo han potuto creare la miseria ed il nulla.

CAPITOLO TERZO

In qual guisa calunniato ed assalito.

E la setta che da tanti anni lavora all'abbattimento di Cristo, prese nota di quel famigerato motto del nobile Lord, tolse essa a difendere Iddio, e gridò da tutti i capi del mondo: maledizione al governo della negazione di Dio.

Con quel motto Napoli, le Sicilie, il re, la magistratura, l'amministrazione, l'esercito, il clero, la nobiltà e gl'ingegni nostri furono immorali ed atei giudicati. Nove milioni d'abitanti vivean col pensiero negativo della Divinità. Però re, governatori, amministratori, giudici, capitani, precettori, cardinali, vescovi e parrochi, tutti negatori di Dio, aggravavano la mano diabolica sulle corrotte popolazioni. Allora su quel tema la stampa rivoluzionaria ritemprò le sue penne, e vi fe' varianti ritornelli; i lamenti delle finte vittime andarono alle stelle, e l'Europa vide in pieno giorno inventar la storia contemporanea, accusar di ateismo la religione, tacciar di ladri i correggitori d'una nazione prosperosa, e compiangere la gnoranza d'un paese, il quale tranquillo e pago della sua sorte, era di fatto in cima alla civiltà italiana.

Era in cima di fatto; perchè esso aveva, in proporzione de' suoi abitanti, più templi, più teatri, più oratori, più poeti, più filosofi, più artisti, più opificii, più reggie, più commercio, più capitali, più scienze, più arti, più uomini d'ingegno che non il resto della penisola.[7]

Fu per verità uno sciagurato e sempre lamentevole errore che il governo non disdegnasse le difese. Intento a fare il bene, chiudeva gli occhi allo strombazzamento bugiardo del male. Quasi non rispondeva, nè permetteva di rispondere alle speciose calunnie che avventavano sul regno. Per contrario i giornali, questi moderni dispensatori di fama e d'infamia, non lasciavano opportunità da declamar soli e da lontano. Ogni dì uscivano a luce sperticate menzogne a danno nostro; e a poco a poco quel mentir largo e continuato, e non mai o mal contradetto, pigliava faccia di vero. Usavano anche di levar a cielo gli scrittori di libertà, e abbassar sempre, o almeno coprir di silenzio le opere ed i nomi di scrittori coscienziosi.[8] Anche delle arti usavano a fin di setta. Le arti costrette a servire quel concetto, e però sviate dal loro scopo, ch'è il bello assoluto, spesso vagheggiavano il piacere, cioè lo andare a seconda de' dispensatori della fama. Con

[7] Se le arti belle vanno in proporzione della civiltà, mostrerò di scorcio il mio assunto, notando i nomi di alquanti suoi cultori. Sarebbe una lista innumerevole a dire tutti i letterati, tutti i maestri di musica, e tutti i pittori e scultori e architetti. – Scrittori viventi di tragedie plaudite; e, per non sembrar di giudicarne, li scrivo per ordine alfabetico: Arabia – Bolognese – Campagna – de Sivo – Micheletti – Proto. E la tragica è una parte della drammatica, e questa è una parte della letteratura. E vivean Ventignano e Sperduti quando scriveva il Gladston.

Maestri viventi di musiche plaudite: Battista – Conti – De Giosa – Fioravante – Gabrielli – Giaquinto – Lillo – Mercadante – Pacini – Petrella –Pistilli – Ricci – Ruggi – Staffa.

Pittori viventi di composizione storica: – Altamura – Belisario – Carta – Catalano – De Vivo – Giannini – Guerra – Maldarelli – Mancinelli – Morsigli – Morano – Morelli – Oliva – Ruo – Spanò, ed altri.

Paesisti: Cammarano – Carelli – Celentani – Pergola – Franceschini – Giganti – Guglielmi – I quattro Palizzi – Smargiassi – Vertunni ec.

Scultori: Angelini – Annibale Balzico – Bologna – Calì Antonio – Calì Gennaro – Citarella– De Crescenzo – Irdi – Persico – Pirolla padre e figlio – Principe di Stigliano – Russo – Solari – Scorza ec.

Architetti: Alvino – Catalani A. – Catalani L. – Genovesi – Giura – Rizzi – Travaglini – Valente, ed altri molti.

[8] Ogni misero poetuzzo che morisse, avevasi elegie, e discorsi funebri, e necrologie: moriva il Duca di Ventignano, onore dell'ingegno napolitano; e non se ne fè ricordo! Ma il Ventignano avea in un opuscolo dichiarate le leggi del Mazzini.

poca fatica si diventava celebre. Parlar di patria, lamentare il servaggio d'Italia, maledire i tiranni, era la condizione *sine qua non* del diploma del *genio.* Così veggiamo laudatissime alquante miserie letterarie, che farebbero pietà; così sotto forma di rigenerar l'Italia, si fa perdere all'Italia il suo vero primato, che è nel concepimento del bello. Cotesto mescolar la politica con la letteratura è uno de' non lievi mali di questo secolo tronfio e presuntuoso.

Pertanto in un altro grave errore corse il governo. Vista la offesa di compre o settarie penne, sospettò d'ogni scrittore. Non impedì l'offesa, e diffidò della difesa. Fe' parere che tutti gli uomini d'ingegno gli fosser contrarii. Contento della pace e prosperità interna, poco curò quella guerra di calunnie; e l'Europa assordata da tante cantafère non ismentite, tenne quasi come vero il famoso motto della *negazione di Dio.* Gli spensierati, i faccendosi, i dottoruzzi che bevono il sapere ne' facili fonti de' giornali e degli opuscoli, divennero strumenti di setta senza saperlo; ripetevan le lamentanze senza intender qual danno facessero, nè quale immaginaria felicità sì sperassero. Bensì nel regno, dove la cresciuta prosperità dava modo di vivere con poco, e però s'eran fatti parecchi gli scioperati e i babbuassi, nel regno ancora v'eran di molti ripetitori. Il dir male per cotesta gente è un fare; e il dir male di chi può più è una maniera di conforto, Concorrevano a discreditare il governo molti avvocati tristi, che nella magistratura e nelle leggi trovavano argini alle loro avidità; parecchi lettori di dritto, giornalisti, poetastri, sollecitatori d'affari, quali per non soddisfatte ambizioni o per impedite frodi aspiravano a novità; parecchi uffiziali pubblici ancora, che per sognate ingiustizie, anelavano vendetta, o vagheggiavano promozioni; negozianti falliti o senza capitali, medici senza malati, studenti senza libri, proprietarii vanitosi o repressi nelle loro prepotenze, preti tenuti a

[9] Nel regno appellano così propriamente coloro che nelle carceri fanno i bravi e riscuoton premii dalla paura degli altri carcerati. Per similitudine dicono camorristi bensì certi bravacci che per le vie estorquono soldo da venditori, o la parte da giocatori per lasciarli tranquilli; e conseguentemente son camorristi i giocatori ladri, i sicarii, i vagabondi senz'arte, e chi per non faticare vive dell'altrui. Camorrista è un composto di galeotto, ladro, pugnalatore, vagabondo e proletario. Questa gente era repressa e punita; però furono assoldati dalla setta; la quale ora li ha innalzati ad alti uffizii, per costituire il governo dell'affermazione di Dio!

freno da' vescovi, proletarii svogliati dalla fatica, *camorristi*,[9] commessi viaggiatori, usciti di galera, servidorame a spasmo: questa mescolanza di persone diverse, interessate a' subugli, questi, o che sel sapessero o no, erano i propagatori, o gl'inventori delle mille laidissime favole. Che questi poi fossero della nazione napolitana la parte minima e la più rea, i fatti posteriori han pienamente dimostrato all'Europa stupefatta delle nefandezze che ne' loro trionfi han perpetrate.

V'erano inoltre alquanti congiuratori; quali sin da' primi anni guasti da volteriane e tedesche filosofie, erano i veri agenti della setta. Costoro in ogni guisa s'aitavano; spargevan nelle masse desiderii vaghi e sospetti stolti; denigravan tutto, e movevano inique voglie. Essi ricevevano il motto d'oltremonti, e 'l davano nelle popolazioni. Promettevano l'età dell'oro, cariche e onori; e reclutavano. A costoro non basta un uffizio modesto, e 'l giusto avanzare con gli anni ed i servizii; eglino aspirano ad alto, e a diventare grandissimi e ricchissimi in un botto. Sono cospiratori per mestiere. Una volta cotal mestiere menava in cima a una forca; e pochi vi si risicavano; ma oggidì che la *tirannia de' re* non usa la pena di morte, sono molti che vi giocano sicuramente, e fanno mestiere di *camorristi* degli uffizii e de' ministeri, e mettendo a soqquadro la società. Un tempo a fare il cospiratore si moriva impiccato; oggi si divien celebre, e generalissimo, e luogotenente o ministro; o almanco pur nelle sventure si trova a mangiare senza fatica.[10] Ma non è ella una vergogna della glorificata civiltà a veder la società versar fiumi di sangue, per appagar siffatte avide e triste ambizioni?

Adunque la calunnia, non contradetta, sorretta e divulgata da' mercatanti di rivoluzioni, preparò il palco sul quale era da immolarsi la nostra felicità.

Quando il novello scoppio e la novella compressione della europea congiura contro la società nel 1848, fece questa avvertita del precipi-

[10] Basta citar Cialdini, Farini, Nigra e simiglianti, che in tempi quieti sarebbero rimasti mediconzoli e giuocatori di bigliardi.

zio onde era scampata, fu certo necessità il provvedere all'avvenire. E se persone di cuore e di mente avesser preso la somma delle cose, è da tener per fermo che l'avvenire si sarebbe assicurato. Bisognava dimostrar co' fatti che il mestiere del cospirare riesce a male. Invece le perdonanze, la pietà, la brama di vincer le calunnie con la clemenza, il facile inganno del forte che sdegna le durezze, e si affida in sè, un pio desiderio di farla finita e di abbracciare in un amplesso di pace tutti i sudditi, la cristiana rassegnazione a' voleri della Provvidenza, tutte cose furono che lasciarono incompiuto il ritorno all'ordine pieno e a pace duratura. Non dirò fosse stato bene usar molto rigore, ma certo la salvezza di pochi rei ha partorito la morte di centinaia di migliaia d'innocenti. È grave l'arte del regnare e del governare; e un anima grande deve pesar nella bilancia il dolore di quattro o dieci famiglie già dalla colpa abbrutite, con le lagrime delle innumerevoli madri, e consorti e sorelle e parenti d'infelici innocenti giovani rapiti alle famiglie e alla patria, per guerre civili e nefande. Bello è il perdonare, più bello è il far giustizia a tutti.

Ma non fu solo perdonata la colpa, talvolta fu premiata. Della rivoluzione rimasero gli uomini, e il più in pubblici uffizii. Ed essi han preparato il 1860.

Il re nel 1848 avea dato una costituzione, come era stata domandata da' malcontenti; e questi stessi congiurarono subito contro la costituzione. Il 15 maggio doveva veder la repubblica; ma un po' di sangue in via Toledo abbattè le barricate e le settarie speranze. Nulladimeno re Ferdinando tentava altro esperimento; discioglieva le camere, e ordinava nuovi comizii. Allora la setta aspirò alla rivincita; fece gli stessi deputati, e ripigliava il pristino guoco, se la nazione non avesse reagito, abbattendo in fatti l'opera dissolvitrice, e pregando con reiterate istanze il monarca a toglier via quella costituzione, madre di subugli.

Ed ecco la setta dallo stesso abbattimento cava nuove forze per risorgere. Ecco un gridar la croce al *re spergiuro*, ecco un lamentar continuo del 15 maggio. A sentirli pareva che il re, il re avesse fatte le barricate, per aver modo di ritogliere le franchigie. Così perditori accusano il sovrano; se avesser trionfato avrebbero scacciato il sovrano, come han fatto ora. E se nel 1860 avesser perduto, certo avremmo udito apporre al re la venuta del Garibaldi. Avrebbero detto il re averlo fatto venire, per gravar la mano *sul popolo!* Per contrario il Cavour che avea finto disapprovare gli armamenti di quell'avventuriero, dappoi che il vide vincere, se ne vantò autore in pubblico parlamento. Questa sfrontatezza dell'accusar delle proprie insidie l'avversario, e poi farsi vanto della riuscita insidia, questa vergogna mancava all'Italia nostra.

Pochi processi, e tutti pubblici, furon fatti a carico dei rei. Ciascuno gridava sè innocente; nè si trovava più chi avesse fatte le barricate, e chi sconvolta la pace del paese. Surse bensì un processo a 57 persone imputate d'essere *unitarii*, cioè voler *l'Italia una*; e fu gridato alla calunnia. Ora donde sono usciti tanti vecchi unitarii? Fu calunnia ed abuso a condannare il Poerio per unitario; ed ora costui è presidente della camera unitaria in Torino. Innocenti si dichiaravano allora: erano manigoldi i giudici, compri i testimoni, sicarii i soldati, tiranno il re. Si trattava di fuggir la pena. E non solo eran dessi innocenti, ma accusavano i buoni; e sì bene seppero fare, che la colpa rimase in più dell'infima plebe. Inoltre far cadere sospetti su' più fedeli al trono, massime ne' più capaci e buoni. E non solo camparono, ma parecchi ebbero premii e croci cavalleresche ed uffizii; ovvero serbarono gli uffizii e potettero ascendere più alto. Rifatti innocenti, rialzarono le cervici, ripresero lena, misero il piè sui buoni, e ritornarono alle congiure. Prepararono il 1860.

Divampati questi ultimi trionfi di rivoluzione, udiamo ora quei pretesi innocenti sclamar alto, ed anche con petizioni e stampe, reclamar la reità, e cercarne premio. Erano innocenti e scamparon la pena, ora sono rei, e martiri, vogliono ed hanno il guiderdone! E parecchi di quei magistrati che invece di seder fra' rei, giudicarono gli altri, ora sì scoprono liberali; e gridano *Fuori lo straniero*, cioè il re napolitano

[11] Cito per tutti il Niutta, giunto a presidente di Suprema Corte di Giustizia (non si può più su), quale proclamò nella piazza della reggia il famoso plebiscito!! (Vedi la nota a pag. 22 – pag. 101 della presente edizione, NdR).

che li avea perdonati, tollerati e promossi! [11] Ora eglino stessi gridan tiranno quel governo del quale esercitavano la tirannide. Ah sì, fu tiranno perchè non fe' di voi giustizia, e lasciò che aveste pria percossi e poi traditi i popoli infelici!

Tre soli furon condannati a morte, ma ebbero la grazia; pochi ebbero prigionie, e tutti per grazia abbreviate. E in un regno di nove milioni, dopo tanta rivoltura, passaron di poco i dugento che usciron dal paese.[12]

Eppur queste miti punizioni eran gridate tirannie da Tiberii. Ciascuno che per debiti od omicidii e frodi si fuggiva, andava per l'Europa predicando sventure politiche, e dichiarando sè vittima di dispotismo. Il Piemonte li pasceva; lor dava i torchi, e i giornali, e li teneva pronti per istrumento di conquista.

CAPITOLO QUARTO

La arti del Piemonte

Torino non istette solo a pascere *le vittime illustri* del dispotismo: ma fe' anzi lega con gli operatori del dispotismo; e guadagnò alquanti che carchi di regi benefizii lordavano le aule delle nostre reggie. Costoro infingendosi i soli amici di re Ferdinando gli fecer cerchio attorno, gli posero in mala vista gli uomini onesti, si valsero della sua solinga dimora in Gaeta, e con segni di mendace devozione, in nome di lui il vero dispotismo sopra i buoni esercitarono. Eglino le ingiustizie nell'esercito, ne' ministeri, ne' governi delle provincie, nelle finanze e dovunque potevano, suscitavano, e dolori e mala contentezza. Sovrattutto osteggiavano i più noti per fedeltà e per ingegno non venduto. Per contrario sublimavano i compri ed i vili. Così un trono

[12] Re Francesco con decreto fe' grazie a 127 emigrati, riserbando provvedere per altri ove grazia domandassero; e di fatto accedeva ad altre 53 dimande. Sicchè rimaser fuori pochissimi, che non promisero di viver tranquilli.

che avea fiacchi difensori e astuti traditori non poteva durare. Così seppero costituire, dirò, un disordine ordinato, un controsenso delle leggi, un controsenso del realismo, una rivoluzione fatta a nome della conservazione. Così il fatto d'un malessere latente che non si sapeva spiegare, faceva malcontenti appunto i veri amatori della dinastia e della patria. Il regno fu un ovile, fidato a' lupi ed agli asini. E la voracità e l'ignoranza ne han perduti.

Torino adunque stretta una lega fra i finti oppressi ed i veri oppressori, faceva accagionare il tradito monarca de' mali da esso loro preparati. Il ministro Sardo, egli medesimo, nefandamente soffiava nel fuoco, e presiedeva a' comitati. Fu guadagnato ancora, e da lunga stagione, un parente del re, il quale accoglieva in casa i cospiratori. Ambo ne' loro palagi, all'ombra del diritto delle genti e de' legami riveriti del real sangue, davano orditura, sicurezza ed impunità alla cospirazione. Infingevano adunanze per iscienze ed arti; e protetti dall'arme Borbonica contro i Borboni congiuravano. Quelli che abbiam veduti dappoi ministri, deputati, senatori e in qualsivoglia altra guisa eroi, tutti eran frequentatori di quelle mura, dove niuno avrebbe osato lanciare lo sguardo scrutatore. Quali promesse traviassero quel Principe non sappiamo: certo furon grandi, e perchè troppo grandi, ineseguite. Onori e ricchezze si promettevano agli altri; la turba era abbagliata dalle parole d'Italia, civiltà e redenzione. La sola nazione che doveva esser redenta, nulla sapeva e nulla voleva. Pertanto il fior dell'esercito, della magistratura, dell'amministrazione, della nobiltà e del clero eran fidi e al posto loro; e sarebbero stati incrollabili sostenitori del trono, se lo stesso sovrano, caduto nella via delle concessioni, non avesse lasciato che traditori ministri li rimuovessero dagli uffizii e da ogni difesa.

Rumoreggiavano le rivoluzioni di là dal Tronto, quando Ferdinando II compieva sua vita mortale. La discesa de' Francesi, le fiere battaglie Lombarde, e le paci stesse di Villafranca e di Zurigo elevarono gli animi de' cospiratori. Il Piemonte rigeneratore, nel momento istesso che firmava i capitoli di pace, preparava l'arme per infrangerli. La speranza d'ingannar facilmente il giovinetto re di

Napoli affrettò gli eventi. Nulladimeno Francesco inviava negli Abruzzi alquante milizie col poi famoso traditor general Pianelli[13] per assicurar la frontiera del reame. Allora il Piemonte temente opposizioni all'agognato conquisto delle papali provincie, dichiarava *caso di guerra* lo intervento nostro a pro del papa; perocchè a quel tempo esso intendeva a maniera antica la teoria del *non intervento*, sebbene fra Italiani ed Italiani. Fu dappoi, quando volle conquistar noi, che invocò la teoria nuova *delle nazionalità* per intervenire a salvare il Garibaldi dalla stretta del Volturno. Pel Conte di Cavour era intervento lo accorrere a pro d'un assalito Papa, era non intervento accorrere a pro d'un assalitore pirata! E all'ombra di sì impudente abuso di parole noi siamo schiavi!

Ma già il Piemonte avea dato vascelli, uomini, arme ed oro al Garibaldi; e in mentre lo lanciava nel regno, dichiarava con pubblici atti esser colui un pirata, e non aver con esso comunanza d'imprese; perocchè temeva per lui la sorte del Pesacane, pur da esso altra fiata spinto e mal capitato. Fu quando il pirata riusci trionfatore in Napoli, che il Cavour con maravigliosa e sfrontata malvagità, si vantava nella sala del Parlamento aver esso il Garibaldi inviato; esso essere il creatore, il preparatore, il pagatore di quel trionfo. E all'ombra di tai nefandezze risorge l'Italia!

CAPITOLO QUINTO

La guerra della rivoluzione

Dappoi che tante male arti e calunnie non eran riuscite a muovere un popolo tranquillo, la setta mondiale osò armata mano intervenire.

[13] Questi giovanissimo giunse a maresciallo. Ebbe in dono dalla regina 30 mila ducati di dote a sua moglie, e fu fatto Conte, uffiziale di S. Giorgio e di S. Ferdinando! Eppure nel 1848 avea fatto i quadri dell'esercito italiano; ond'era stato sottoposto a giudizio penale, e per grazia esonerato. Anche costui è un martire?

La teoria del *non intervento* che impedisce alle nazioni civili d'entrare nelle liti d'un popolo pugnante fra se stesso, permette anzi che una potenza appellata la rivoluzione entri di fuori in un paese, per isconvolgerlo da' fondamenti. Si mette innanzi il diritto de' popoli, per non intervenire a vietar lo spargimento del sangue fraterno, ma questo stesso dritto merita d'essere infranto, quando i fratelli sono in pace. Si fa un sacro dovere di non intervenire per porre la pace; ma è cosa lecita a dar arme e protezione a' turbatori della pace e a' fratricidi. E siffatta ipocrisia, formolata con le parole di *non intervento*, è il prodotto della vantata ultima civiltà!

Oggidì oltre gli stati costituiti e riconosciuti da' trattati, v'ha una nuova e favorita potenza, la rivoluzione. Essa ha re, ministri, diplomazia, erarii, eserciti e condottieri; essa sola fra le nazioni ha il privileggio del *nuovo dritto*, cioè la facoltà d'aver dritto senza doveri, di non riconoscere trattati nè dritti preesistenti, e di chiamarsi sola *popolo e società*. Dove non è lei tutto si appella tirannide, servaggio e ingiustizia. Essa sola ha la divisa della libertà, dell'indipendenza e dell'uguaglianza; e però ha sola il dritto privativo d'assalire qualunque libertà, indipendenza ed uguaglianza che non venga da lei. La rivoluzione sola dà la felicità; e guai a chi senza di lei osi esser felice!

Il reame delle Sicilie era indipendente sin dal 1734, quando andar via i Tedeschi; era libero sotto lo impero di buone leggi, che tutti i sudditi agguagliavano; ed era prosperoso, pel mite scettro de' suoi principi. Ma ciò era a seconda del dritto *antico*, del dritto *divino;* esso invece doveva esser felice pel dritto *nuovo*, pel dritto *infernale*. Dunque la sotterranea potenza, che accentra in se tutti i dritti essa poteva e doveva intervenire: la rivoluzione.

Ed avea ben preparata la macchina; avea ben colme d'oro le mani; aveva uffiziali e ministri fra gli uffiziali e i ministri del re assoluto; aveva con se e per se i *camorristi;* aveva sicurezza di non esser turbata pel *non intervento;* avea la bandiera d'un re di vecchia stirpe, con la croce spiegata; e, in caso di sconfitta, con a ragione si fidava nel soccorso di questo nuovissimo re. Lo appellò quindi re *galantuomo*, re di setta, re che piglia l'altrui e il fa pigliare. Quindi preparò navigli, uomini ed arme in Genova, sotto gli occhi di tutte le nazioni; quindi il famigerato marinaio di Nizza, alla presenza delle armate francesi ed inglesi, fe' co' suoi mille il grande intervento. Questo medesimo Garibaldi, non con mille, ma con quattromila, undici anni innanzi, era entrato in Terra di Lavoro ad Arce; ma combattuto dalle guardie urbane, dopo alquante ore, all'avvicinarsi del maresciallo Ferdinando Nunziante[14] rattamente si fuggì. Ora undici anni di più l'han fatto prode!

Senza offesa da' nostri marini, l'*Eroe* discende a Marsala; è rotto sì a Calatafimi, ma il nostro generale ritraeva i soldati dalla vittoria.[15] Quindi un primo consiglio d'estera potenza faceva uscir da Palermo ventimila uomini, senza colpo ferire; dappoi che al pio Francesco era messo innanzi agli occhi il danno della città, vicina ad essere insanguinata e abbattuta. Seguiva il fatto d'arme di Melazzo, dove il colonnello Bosco con duemila uomini urtava in dodicimila Garibaldini.[16] La storia dirà forse il perchè da Messina prima partiva, e poscia era chiamato indietro il soccorso di milizie, che avrebber posto fine alla guerra. E un secondo estero consiglio faceva ritrarre dalla Sicilia tutte le non vinte nostre soldatesche. In tal guisa aveva la rivoluzione un regno intatto, e trovava arme ed agio per invader l'altro.

Il mondo vide rinnovellati gli giuochi stessi tante volte usati. Luigi XVI, circondato da consiglieri Giacobini, fu indotto a quelle concessioni che il portarono al patibolo. Carlo X cadde per simiglianti consigli, e Luigi Filippo che da' Carbonari era stato innalzato al trono, ne discese vittima egli stesso. Similmente il nostro re, che in quel momento supremo avrebbe dovuto stringer forte le redini dello stato,

[14] Questo fedele propugnatore del trono, fu fratello consanguineo, ma molto di spiriti diverso dall'altro Nunziante Alessandro, ora rinomato disertore, che veste in premio la sabauda divisa.

[15] È notorio pel mondo il fatto iniquo di quel general Landi, che ito a riscuotere la polizza di diciottomila ducati, prezzo del tradimento, la trovò falsa; e ne morì di dolore.

[16] Il Bosco aveva tre battaglioni di cacciatori: il 1.° l'8.° e il 9.°; ma trecento uomini eran alla retroguardia, nè entrarono in battaglia.

fu da' suoi consiglieri spinto a promettere il richiamamento della costituzione. Allora infranse il suo scettro. Le sette domandano sempre costituzioni, ma non per francare i popoli, bensì per aver un terreno dal quale impunemente avventar colpi al trono ed alla società. Avean fallato nel 1848; non si fallò nel 1860. Subito i fuorusciti ed i traditori presero il governo; abusarono della cavalleresca pieghevolezza del monarca, tutte cose mutarono, disposero essi delle forze e delle ricchezze nazionali, e prepararono il cammino trionfale al Garibaldi. Per guadagnar tempo da corromper l'esercito, finsero trattare una lega italiana; inviarono loro ambasciatori a Torino; e sinanco il *re galantuomo* si piegò ascrivere al Garibaldi, *pregandolo* si arrestasse. Ma costui baldanzosamente niegava; e la commedia col ricusarsi la lega si compieva. A tanta ignominia i ministri *patrioti* e liberali discesero, che un regno di Napoli pitoccava da un avventuriero e da un Piemonte d'esser lasciato stare! Ma i liberali non han patria.

La rivoluzione non perde un istante. Subito il ministero *camorrista* mise generali camorristi incontro al Nizzardo; fece da' suoi uccidere per le vie gli uffiziali della precedente *polizia*; creò anzi *poliziotti* gli stessi ucciditori; mise *camorristi* Intendenti al governo delle provincie, alle direzioni, alle amministrazioni, a' tribunali. Sindaci nuovi, decurioni nuovi, eletti nuovi, guardie nazionali nuove, tutte persone a suo modo rimutò; e guai a chi osasse fiatare. I decreti avean la firma del re. Gli stessi soldati del re erano in nome del re mandati a sedare le reazioni fra' popoli frementi; e la forza medesima del regno era costretta a dare il reame a' pirati. Allora fu un terrore universale: *camorristi* a calunniare, a carcerare, a pugnalare quanto era onorato e virtuoso; la stampa deificare il tradimento, a predicare l'insurrezione, a incitare i dubbii, a diffamare la dinastia. Allora non fu più guerra d'arme, ma d'infamie. Le milizie si mandavan sì, non già contro il nemico, sbarcato a Reggio, ma in gole di monti, ove eran da' loro

[17] È famoso il gen. Briganti, il quale duce di diecimila soldati, ricevuto il prezzo del tradimento, e ordinato lo sbandarsi, ebbe da' suoi stessi in premio la morte. Bensì famoso è il Ghio, che fra solinghi monti disciolse altri diecimila.

stessi duci disciolte e sbandate.[17] Andavan le munizioni e le vettovaglie, a' nostri non già, ma a' Garibaldini. Si chiamavan sì gli uomini alle arme, non già a pro del trono e del paese, ma per la rivoluzione. Onnipotente fu questa; perchè, regnatrice in nome del re, infrangeva i sostegni dello stato, spauriva gli onesti e i fedeli, e armata dell'arme regia contro il re l'arme ritorceva.

Ed ecco altro consiglio straniero, per salvar Napoli dagli orrori della guerra, induceva il buon nepote di S. Luigi a lasciar la sede del regno. Francesco a 6 settembre usciva spontaneo dalla sua città capitale: abbandonava i luoghi e le stanze ov'era nato, la reggia, i castelli, la flotta, il tesoro, gli arsenali e le arme. Usciva non isforzato da nemico, ma dal suo stesso ministero; usciva seguito dalla parte più onorata dell'esercito nazionale, numeroso e fremente, che per disciplina ubbidiva al comando; usciva tranquillo da una città silenziosa, che stupefatta mirava l'inconcepibile avvenimento, presaga de' futuri suoi danni. Francesco ogni cosa lasciava, ma non l'onore. Lasciava di fare il re sul trono; ma si ricordava d'essere il primo soldato della nazione, ma sguainava la spada, ma poneva a rischio la vita per l'onor napolitano, e sebbene tardi pur cominciava sul Volturno quella non aspettata difesa, che per opposti casi di glorie e di errori sarà memoranda.

Fu veduto un fatto nuovissimo: un ministro di Francesco, l'operatore primo di tanti inganni, accorrere festante al Garibaldi, e condurlo con se inerme e solo in Napoli; dove i plausi de' sublimati ignoranti *Camorristi* gridavano *Italia una.* Quel ministro spergiuro e vile fu sì impudente che impetrò dallo straniero, cui aveva dato la patria indifesa, un decreto che dichiarava lui aver ben meritato dalla patria. Ei si guadagnava infamia immortale, e dava a questo misero paese pur la taccia imperitura d'aver partorito un uomo gravato di colpa inaudita nella storia de' regni. Certo non è raro a veder avvocati pigliar la difesa d'un cliente per fargli perder la lite, e aver la paga dall'avversario; ma l'avvocato ministro fu certo il primo a recar questa usanza nelle liti de' popoli e de' re.

Uscito Francesco, fugati, carcerati e minacciati i buoni, lo stesso già regio ministero gridante ora Italia una, armati quanti v'eran tristi, venuti a posta dall'estero e dalle provincie, fra lo scintillar de' pugnali e le bandiere rivoluzionarie, qual maraviglia che il Nizzardo entrasse inerme e plaudito? Anche Silla dopo la distruzione piena del partito di Mario, passeggiava incolume le vie di Roma. E Silla era pur Romano; nè scrittore alcuno il disse amato da' Romani. E sarebbe stato amato in Napoli un avventuriero lacero e famelico, estraneo ed ignoto; il quale, duce di gente sitibonda d'ogni bene, raccolta in tutte le parti della terra, parlante barbare lingue, abbatteva senza colpo otto secoli di glorie nazionali, l'antica monarchia, ed un re nato napolitano, e figlio d'una santa donna, la cui memoria è cara e popolare! Quel fatto de' plausi al designato dalla setta non prova già l'unanimità della popolazione alla rivolta, prova anzi le arti nequitose de' congiuratori, e la generosità del monarca. Questi usciva per non insanguinar Napoli, e dava ordine di non usar l'arme; [18] però i suoi fedeli battaglioni, anche seguendolo nell'esiglio, lo ubbidivano, e vedevano immoti l'orgia rivoluzionaria, e gl'ilari traditori, e il Garibaldi passeggiar solo, inerme... Un colpo, e la monarchia era salva: ma quel colpo era stato vietato dal re!

Non fu già Napoli unanime nella gioia; piuttosto, perchè abbandonata da ogni forza sociale, unanime fu nel timore. Nelle case più spaurite, più italiche bandiere sventolavano, più luminarie scintillavano. La curiosità innata in questa gente, il numero che qui di leggieri fa massa, i tristi tenuti tanti anni a freno, ora sbrigliati, i molti travestiti Piemontesi appositamente venuti, il gridar de' *camorristi*, de' monelli, de' proletarii accorsi allo sperato banchettare, la contentezza de' controbandieri cui s'erano aperti i porti, il batter di mani della setta che inebbriata del trionfo, credeva aver con le dita preso il cielo, tutte cose erano che facevano parer numerosa quella festa. Ma che uomini signorili e gravi, in qualche parlamento d'Europa levin da quella tregenda argomenti per mostrar Napoli e il reame plaudente *al liberatore*, questo è troppo grosso errore, per sembrare innocente.

[18] In prova è da notare che al castello del Carmine, avendo osato i camorristi ferire la sentinella, il furore de' soldati fu rattenuto da comandanti in nome del partito sovrano.

L'esercito Garibaldino, lurido, bieco, famelico, disordinato, male armato, peggio vestito, entra nella città. A siffatti nuovissimi vincitori s'aprono i castelli, le reggie, gli arsenali, i porti e le casse. La flotta, quella flotta che tanto era costata, si dava da' suoi comandanti alla rivoluzione. Ogni cosa è di questi usciti da tutte le parti del mondo, ignoti l'uno all'altro, calpestatori d'ogni dritto, ignoranti di ogni legge. Si spandono per le case, pe' paesi e per le ville; sono padroni di tutto, derubatori di ogni arnese, calpestatori d'ogni monumento, insultatori d'ogni grandezza. Napoli che i Vandali mai non vide, vide i Garibaldini.

CAPITOLO SESTO

La guerra de' cannoni.

Nulla rimaneva all'esercito napolitano, escito per obedienza dalle sue forti posizioni. Il reame era già da due mesi dominato dalla setta in nome del re Francesco; ora in nome di re Vittorio era dalla stessa setta dominato. Allo squallido avanzo della monarchia restava sol quanto poteva con gli stremenziti battaglioni occupare. Stremenziti erano da un anno di bivacchi su' nevosi Abruzzi, stancati dalla guerra di Sicilia, dove il vincere era ito in disfatta; dalla non combattuta Calabria, dal correr sempre a cercare il nemico ove non era, e dal comandato continuo ritirarsi. Stremenziti da un anno di privazioni d'ogni ben della vita; dalla lunga lontananza da' cari parenti; dal sentir vane tante fatiche; dal mirarsi soli, abbandonati da' codardi parteggiatori del nemico, e dal veder crollare il trono non difeso, e crollare innanzi agli occhi loro, mentre ancora l'arme vendicatrici avevano nelle mani. Ed erano più stremenziti dal sospetto d'avere ancora nelle fila altri pronti a tradire. Non sapevano se più da' loro duci o dagli avversarii avessero a temere. Fra tante infelicità, ogni soldato di qualsivoglia nazione sarebbe soccombuto; ma il napolitano stette fermo al suo posto. Eran frementi, ma risoluti di morire col re. Quarantamila passarono il Volturno; e altri ventimila, già sbandati da' loro generali, sin dalle Calabrie senz'arme, alla spicciolata, sfuggendo i numerosi nemici che da ogni banda lor chiudevano il passo, con estremo pericolo, travestiti da contadini, per monti e per tragetti, a nuoto pel fiume, raggiungevano le amate bandiere. Questi giovani mandati a' paesi loro, preferirono di lasciare il riposo delle sicure capanne, per incontrare gli stenti e le mitraglie, e fur viste le madri novelle Spartane, scacciar di casa i figliuoli, e e sospingerli alla guerra, e gridare: *E che vieni a far qui, quando a Capua il re combatte per noi?*

A Capua finirono i trionfi Garibaldini. Colà non erano Pianelli e Liborii; non è più un re cedevole a' consigli di ritrarsi innanzi agli assalimenti; ma un principe che sentiva essere sangue di S. Luigi, e nepote di gloriosi guerrieri. Incominciò la guerra vera. Il Garibaldi credeva ancora seguitare il giuoco delle incruenti vittorie, e prometteva aver Capua senza colpo. Ma fu accolto a cannonate, e l'unghie de' nostri cavalli calpestarono le camice rosse. E sì v'erano ancor traditori! Traditori che dal campo garibaldino drizzavano i cannoni contro i fratelli; traditori nella città, che con avvisi e segnali favorivano l'avversario. Fu dato a' nemici il tempo di fortificare, d'ingrossare, e provvedere; e quando non si poteva più rattenere il soldato, e Caiazzo era stato preso d'assalto, e stabilito era l'attacco del 1.° ottobre, tosto ne correva la nuova, e si dava anco il disegno della battaglia. Così il Garibaldi si preparò. Mille volontarii Inglesi, parecchi artiglieri dell'angla marina, duemila Piemontesi di regolari truppe alla svelata otteneva; e là dove sapeva dover essere assalito, là per cogliere gli assalitori si apprestò. E i nostri Duci, che vedevan Napoli in balìa del primo ch'entrasse, invece di pigliar questa facile via della vittoria, tolsero la difficile di sforzare di fronte il nemico a S. Maria, a S. Angelo e a Maddaloni, là dove soltanto egli era a ributtarli allestito. Invece del correre a Napoli senza combattere e tagliar fuori il Garibaldi, lungi dal mare e in paese avverso, preferirono spingere i soldati a petto scoperto contro le asseragliate vie; e a disfidar tre volte la fortuna in luoghi diversi, a molta distanza, dove non eran possibili simultanei movimenti, e il trasmettere gli ordini e le novelle della battaglia.

Sembra risolvessero il problema, non già del come andare, ma del come non andare a Napoli.

Furon fatti prodigi di valore. Disfatti gl'Inglesi, sforzato il forte baluardo di S. Angelo, venne più volte con veemenza assalita S. Maria. Si vinse a Morrone e a Maddaloni. Caddero cinquemila inimici, e due nostri battaglioni animosi si cacciarono sin dentro la regal Caserta. Ma abbandonati eran questi prodi; e la grossa colonna da Morrone, senza proseguir la vittoria, si traeva indietro. I vincitori di Maddaloni, rimasti soli, dovetter seguirla. La notte divideva la sanguinosa pugna. E perchè non valersi dello scoraggiamento de' Garibaldini, e non volar su Napoli con fresche milizie? perchè lasciar vani tanti rischi corsi dal re e da' suoi reali fratelli?

Questa giornata mancò d'un uomo che sapesse stringere in pugno la vittoria. Nondimeno prostrò l'esercito garibaldino, cui tolse la baldanza e il prestigio; però il ferito suo condottiero[19] cedeva il comando al napoletano disertore Cosenz; e quella incoerente e rotta massa per metà si sbandava. Gettavan l'arme e le camice rosse, e in farsetto fuggivan pe' monti. La rivoluzione era vinta.

Era vinta irremisibilmenle. Alla setta fuggiva di mano il frutto delle menzogne; il Piemonte avea profusi indarno tanti milioni per questa impresa; vedeva riuscir vane le lunghe insidie de' suoi ambasciatori; perdeva l'arme porte al Garibaldi; si riconosceva svelata per i duemila uomini accorsi a soccorrerlo in Caserta, e doveva retrocedere con vergogna, dopo aver tanto proceduto con imprudenza. Allora sospinta da un fato che la condannava a trista infamia eternale, non trovò altra salvezza che nel torsi la maschera affatto. Allora compiute le prime gesta sul debole Papa, lanciò a visiera levata il suo *Re Galantuomo* con cinquantamila uomini nel reame, a dare improvvisamente nelle spalle d'un re amico e parente, nel momento appunto ch'ei con la nuda spada combatteva, ed era per ischiacciare appie-

[19] Il Garibaldi fu ferito da colpi di moschetto mentre in carrozza traversava la via per accorrere a S. Angelo; e il trassero in salvo fuggendo per un vallone. Il volgo afferma tuttavia ch'ei morisse; e dice esser falso Garibaldi questo vivente.

no la rivoluzione ed i suoi eroi. A simiglianza degli Attila, o meglio a guisa del corsaro Barbarossa quel re non curò di far dichiarazione di guerra. Ma disfidiamo qualunque abbia scienza di storia a trovare nelle antiche e moderne carte altro fatto, per ingiustizia, per viltà e per violenza insieme, che agguagli questo turpe assalimento del *re galantuomo*.

Se fu turpe lo assalimento, non men turpe ne fu il modo. Il generale Cialdini, accoppiandosi co' Garibaldini, e infingendosi chiamato da' popoli, mitragliava le popolazioni che contro di esso insorgevano; e vedemmo per le mure di Napoli il telegramma col quale annunciava le fucilazioni senza giudizio fatte agli insorti contadini.[20] Di tanta vergogna ebbero a coprirsi i Piemontesi, per entrare in questo paese che li respinge.

Dimezzato era l'esercito nostro per le insidie, pe' morti e pe' feriti, poco ubbidiente pel sospetto de' suoi duci, stremato dalle malattie, e dalle fatiche di tanti mesi, privo di soldi e di panni, ristretto in poco terreno, messo fra due eserciti nemici, assalito da ogni maniera di scritti e di calunnie; eppure fedele al suo paese ed al giuramento, combattè sino all'ultimo istante. Non un uomo disertò. E quando per contraria fortuna fu poi prigioniero o disciolto, neppure piegò il ginocchio allo straniero; ma, senz'arma e senza uffiziali, corse su' monti per tenere alta la patria bandiera de' gigli.

Ora non è mio debito narrare i fatti della mal condotta guerra; ma quando meglio le cagioni e gli effetti saran disvelati, la storia dirà perchè non fu data battaglia su campi di Venafro, ove le artiglierie e i cavalli ne avrebbero di leggieri potuto dar la vittoria. Dirà perchè si abbandonavano le posizioni del Volturno, per prender l'altre più strette, sul lido d'un mare indifeso e infedele. Dirà la pugnace ritratta di Cascano, ove i Sardi eran la prima volta respinti. Dirà la giornata del Garigliano, e la immatura morte dei nostro prode general Negri, e la rotta dei nemici, non inseguiti per lo disfatto ponte.

[20] Ecco il telegramma al governatore di Molise: Faccia pubblicare che fucilo tutti i paesani armati che piglio. Oggi ho già cominciato. — CIALDINI — Cominciava così l'arte del manigoldo.

Svelerà perchè l'armata Francese abbandonasse la promessa guardia della spiaggia, e lasciasse che gli stessi napolitani vascelli, vituperati dalla sabauda insegna, bombardassero a salvamano l'indifeso nostro campo. Svelerà perchè una parte del misero esercito, ancora ordinato, era menato nello stato pontificio, e tolte si vedesse le arme dagli amici Francesi; e perchè non piegasse invece ver gli Abruzzi, a tener viva la fiaccola dell'indipendenza. Narrerà la storia la gloriosa difesa di Gaeta, dove il re delle Sicilie e la giovinetta eroica regina tennero alto il vessillo, tanti mesi percossi da innumerevoli italiane bombe; [21] privi di soccorso, fra le ruine dell'abbattuta città, fra il tifo, gli uccisi e le immondezze. Racconterà della barbarica guerra gli esecrandi eccessi, e gli arrestati parlamentarii, e i percossi ospedali, e i lavori d'assedio fatti in tempi di tregua, e le bombe lanciate durante le capitolazione, e i compri scoppii delle polveriere, ultima opera di nefandi tradimenti. Conterà i giorni di quel fiero assedio, non da prodezza ma da' lunghi cannoni superato, che quattro miglia distanti facevano la gagliardia di quei Piemontesi, a desco seduti e sicuri da ogni offesa. Dichiarerà come disuguale per arme, quell'assedio dava non al vincitore ma al vinto la corona della gloria; come fermava per sempre nel cuore di tutte l'anime generose e nella posterità un trono incaduco al monarca discacciato; e lasciava ne' Napolitani la eterna gratitudine, e l'ammirazione pel sostenuto onor nazionale. La storia dirà che si cadde, ma con onore. E ricorderà l'ultimo addio del giovine re a' suol compagni d'armi, l'estremo bacio sulla terra de' padri suoi, il final saluto all'amato reame sì crudelmente da barbare genti calpestato; e ricorderà il pianto e i lagni sconsolati di quei buoni soldati, a baciar la polvere premuta dagli ultimi passi del suo re, a involare i lembi della veste della regina.... Oh non è vero forse che pur la sventura ha le sue gioie? Quando i potenti della terra discendono alle volpine arti

[21] Più che ottantamila; quali si posson computare così: Nel dì 8 gennaio 8000; nel 22, da mare 4000, e da terra 14000; nei giorni 10, 11 e 12 febbraio altre 36000; e 20000 nei giorni intermedii dal 1° dicembre 1860 sino alla fine dell'assedio: totale 82000.

de' codardi, quando i grandi tradiscono o abbandonano la virtù sventurata, è bello a vedere il soldato, figlio del contadino, dare esempii d'annegazione e di fede; e mosso dalla semplice filosofia del cuore, far arrossire gli uomini dalle ricamate divise e da' manti purpurei, che in nome di una finta libertà pongono ceppi traditori ad una nazione innocente.

Ma.... e perchè tante macchinazioni, e tante bombe, e tanto eccidio? Perchè la sublimazione d'ogni sfrenatezza, e il rovesciamento d'ogni dritto? Per far *l'Italia una.* Ma il Piemonte inventore di cotesto gran motto, vuole davvero l'Italia una? E l'Italia può essere una? E saria conveniente a farla? E i Napolitani acconsentono? Di questo è da ragionare.

CAPITOLO SETTIMO

Il Piemonte non vuole una l'Italia

Questo dritto di nazionalità cavato fuori a questi tempi, tende a disgiungere le genti di linguaggio diverso, e ad unire le nazioni per ragion del parlare. Però, se questo è dritto, l'Italia ha ragione d'annettere a se tutte le contrade ove il SI suona. Dunque Venezia, Corsica, Malta, Trieste, e sin le spiagge della Dalmazia e dell'Illirio son terre italiane, e dovranno per quel dritto venire in potenza della madre patria. Ma il Piemonte che vanta le simpatie di Francia e d'Inghilterra, non può voler torre, nè il potrebbe, a queste forti nazioni le due italiche gemme di Corsica e Malta. Di strappar Venezia e Trieste al Tedesco molto parla; ma non vi si risica, sinchè non troverà di qualche Liborio o Pianelli alemanni in Mantova e Verona. Quindi esso per lo meno *non può* unir l'Italia. Ma che *nol voglia* è manifesto dall'aver dato a Francia le vere porte d'Italia, le provincie di Nizza e Savoia, che furon la culla della sua rinomata stirpe sabauda, nel cui nome va stendendo in giù le sue barche. Quando quella stirpe era appena italiana fu prode e fida sentinella del bel paese; oggi ch'è fatta italianissima, ne lascia la guardia allo straniero; ed anzi a quella nazione appunto dalla quale s'ebbe a guardare, e che per la sua nobile e intraprendente natura, e per la trista esperienza di molti secoli, era più di tutte a temere. Una porta aveva l'Italia in mano al Tedesco, potenza conservatrice; e il Piemonte, senza chiudere questa, ne apre un'altra al Francese, potenza sperperatrice. Vorrebbe *una* Italia, e ne dà via due provincie. La vorrebbe forte, e la fa fiacca di fatto, esposta a subir le leggi di più gagliardi atleti, che certamente la terranno arena delle loro disfide. Vittorio ha fatto peggio che Ludovico il Moro.

Questa vantata unità, conseguita in tal modo, è parola bugiarda. Il Piemonte ha tolto di posto le Alpi. Dio le fe' italiane, ed ei le fa francesi. Grida, sì, *fuori lo straniero!* ma fa entrare un altro straniero nel cuore delle sue terre, ve lo insedia, e se ne vale per cacciar di sedia i principi italiani. In tal maniera abbatte i deboli duchi di Modena e di Toscana; caccia via dalle Marche e dall'Umbrie il pacifico Papa; schiaccia con le bombe il re di Napoli, e tempra l'arme scismatiche e irreligiose per mandar fuori dal seggio di Pietro il Pontefice di Dio. Il Piemonte grida Italia, e fa guerra agl'Italiani; perchè non vuol fare l'Italia, ma vuol mangiarsi l'Italia.

E mentre proclama l'Italia del SI, e la cacciata degli stranieri, chiama dentro uomini di tutta la terra, cinguettanti i più strani dialetti. Col Garibaldi vennero Belgi, Dalmati, Greci, Slesii, Croati, Ungari, Polacchi, Pruesi, Inglesi, Americani, Svizzeri, e Turchi. Costoro non erano stranieri solo al regno, ma a tutto il mondo, ed anche al luogo ove nacquero; perocchè loro patria è la setta, e là dove trovan da far sacco. E mentre cotesti barbari accoglie, il Piemonte esilia i più eminenti Italiani; desta ire e vendette fratricide qua dove era concordia e pace, richiama dalla tomba de' secoli i parteggiamenti de' Bianchi e Neri, de' Guelfi e Ghibellini, e cammina baldanzoso all'asservimento pieno delle italiane contrade. Poco innanzi avevamo Lombardia sola ita all'Austria per dritto di successione; ora per dritto di rivoluzioni e di cessioni, abbiam Tedeschi, Francesi ed Inglesi; perdemmo le repubbliche di Genova e Venezia; ed or si ritaglia Savoia e Nizza, e chi sa forse quale altra cosa. Che Italia sia stata ludibrio dello straniero, il sapevamo; ma che fosse ludibrio degli stranieri e dell'*italianissimo* Piemonte, e che cotesta vergogna nuova dopo le antiche vergogne, s'appelli da *quei patrioti* redenzione, unità e forza, ell'è una pruova dell'ultimo traviamento dell'umanità.

Il Piemonte sa di non poter vincere Francia, Inghilterra e Alemagna; però non pensa neppure a far restituire Nizza, Savoia, Corsica, Malta, e Venezia; ma si contenta di beccarsi la Toscana, le Romagne e le Sicilie, stati italiani; perchè questo lo può fare con lo aiuto straniero. Dicono il Tedesco dominava in Italia; ma veramente dominava su la setta, e le vietava devastasse questo bel giardino. Cosicchè il Tedesco per questa ragione anzi che dominatore era benefattore. Tolto lui di posto, la rivoluzione all'ombra delle vittorie Francesi fa versar fiumi di lagrime e di sangue. La Francia che *faceva la guerra per un idea*, e per ricostruire la nazionalità del SI, s'ha tolto un'altro cantuccio della terra del SI; e il Piemonte con tal contratto cedeva le sue magre piaggie alpigiane per prendersi i grassi campi Lombardi e le più grasse Puglie, Sicilie e Terra di Lavoro. Questo è far la *camorra* in grande. E credo non mai sì vedesse vendere il sangue, la pace, la roba e la felicità de' cristiani in più spudorata maniera.

Inoltre il Piemonte per conquidere l'Italia, è costretto a rovesciarne la grandissima gloria del Papato, ch'è gloria prima e senza rivalità su la terra. L'Italia pel papato impera nell'universo mondo. Con la parola di Dio ha una forza maggiore di tutte le flotte e i battaglioni del settentrione e del mezzogiorno, e fa chinar le ciglia a dugento milioni di fedeli. Per quella parola la patria nostra suona famosa nelle menti umane; perocchè scelta da Dio per sedia del suo Vicario splende di luce imperitura, che riverbera sulle arti e sulle scienze, sulle mani e sul pensiero, e suscita la scintilla dell'ingegno, e della Fede. Il Piemonte sente esser pigmeo innanzi a tanta grandezza, e nuovo Satana tenta abbattere l'opera di Dio. Quindi molesta, spoglia la chiesa, perseguita i prelati, fa predicare eresie, sparge false bibbie, fabbrica chiese protestanti, assale la religione e la morale con la stampa, insozza le scene con mali drammi, le università con rei cattedratici, e le vie con immagini nude ed oscene. Vuole l'unità geografica, e la disunione morale. Quindi calunnia il papa e i vescovi, inventa sconce favole, mistifica il vero, e in tutte abbiette guise combatte. Ma il Vaticano s'ebbe ben altre scosse che non questa melenza procella piemontese; ed ei starà, sinché Dio vuole.

Nè l'Italia può scendere dal suo seggio civile; nè abdicare a favor d'un misero Piemonte. Essa può avere di vertigini; può la melma (e dove non è melma?) intorbidare le pure sue fonti, può esser sì qualche istante abbarbagliata da parole luccicanti; ma l'eloquenza dei fatti, ma il suo naturale ingegno la fa salva. La civile Italia ha già cavata la maschera bellettata al nero Piemonte; invece del liberatore ha visto in esso lo schiavo; e già lo sprezza e lo scaccia. L'Italia se non sarà *una* per istato, una sempre sarà nella religione e nel dritto, e avrà forza da rivendicare contro qualunque straniero o interno tiranno la sua vera libertà e indipendenza. Il Piemonte NON VUOLE l'Italia *una*, ma la vuol serva. Ei si vorrebbe ingrandire; ma l'usurpazione in tempi civili non riesce a grandezza.

CAPITOLO OTTAVO

L'Italia non può essere una

Si conceda che il Piemonte voglia fare una Italia, che strappi Nizza, Corsica e Savoia alla Francia, e Mantova e Venezia al Tedesco; che accheti il mondo cattolico, mandi il Papa a Gerusalemme, e giunga a sedere in Campidoglio; si conceda che la frode e la forza vincano ostacoli sì gagliardi, e sian ragranellate in un laccio tante sparte provincie, e tutte le genti del SÌ sotto uno scettro; posto che questa nuova potenza struggitrice de' dritti preesistenti, sia nel suo *nuovo dritto* riconosciuta dalle nazioni, e trionfi; immaginiamo tutto ciò pienamente compiuto, sarà anche allora fatta l'Italia *una*?

Non può la forza congiungere animi disgiunti, interessi opposti, passioni invide o rivali, terre separate da monti, da fiumi e da distanze, differenti costumanze, varie stirpi, bisogni diversi, contrarie tendenze, e gli opposti sensi e le tradizionali memorie, che si nudron col sangue, e si succhian col latte. Le parti eterogenee d'un tutto sconnesso, messe insieme a forza d'insidie e usurpazioni, si sciolgono presto; e la guerra civile inevitabile, e parteggiamenti e vendette, saranno il frutto d'un'opera elevata da scellerato capriccio, a dispetto degli uomini e del cielo. Più saranno le provincie fuse, e più saranno i nemici. La natura compressa ripiglia il suo dritto; lotta sì con l'opere stolte delle umane fantasie, ma pur vince alla fine. Ciascun essere non può mutare sua essenza; e una nazione sarà sempre quella che fu. Potrà progredendo diventar grande e forte, ma non fonderà i frutti di semi diversi, perchè Iddio tutto die' all'uomo, fuorchè la potenza di turbare le leggi della creazione. Il cammino de' popoli è come un sillogismo che costa di proposizione premessa e di conseguenza; e là dove si vogliano conseguenze che non iscendano dalle premesse s'ha il sofisma. L'Italia *una* è un sofisma. Gli antichi, maestri di politico senno, mai non pensarono a fondere una Grecia. E la Grecia ha consanguineità e simiglianza di regioni e di usanze con l'Italia antica e moderna. Atene, Sparta, Tebe, Argo, Corinto non potevano esser fuse; solo potettero esser dominate dai Macedoni, e poi dall'aquile romane. Oggi il Piemonte vorrebbe fare il Macedone in Italia, ma non ne ha le falangi; e mentre intende ad agguantar gli altri, non vede poi tre aquile e lioni con unghie adunche che gli stan sulle spalle, per dilaniar esso e la preda.

L'Italia antica più ancora della Grecia fu sin dai principii popolata da popoli molti e diversi. A' tempi eroici furono guerre in Flegra, che adombrano, come chiarì il Vico, le lotte campane fra gli Opici e i Greci, fra gli uomini della terra e quelli giunti dal mare. I Pelasgi non fecero una Italia, nè gli Etruschi, nè i Greci, nè i Troiani. Ciascun popolo si adagiò sur un canto di terra; e fur parentele e guerre e paci fra loro, senza più. Virgilio numera centinaia di popoli confederati con Turno o con Enea. E Livio narra le fatiche de' Romani per domarli. Umbria, Etruria, Lazio, Liguria, Venezia, Gallia, Lucania, Campania, Sannio, Irpinia, Apulia, Brezia, Caonia, Sabinia, Sicania,

Ernicia, Daunia e cento altri nomi avevano queste contrade. I savii Romani non pensarono a fonderle mai; ma lor serbarono le autonomie, cioè leggi, magistrati e governo; e soltanto le federarono, onde n'ebbero aita e forza. E pure patirono la rivoluzione, detta la guerra sociale, per la federazione de' socii contro di essi. E quando dopo concedettero a tutti gl'Italiani la cittadinanza romana, cioè il dritto del suffragio, allora venne meno il senno di Roma. Ne' comizii, fra tanti popoli diversi, si portavano, più che voti, arme ed argento; onde sursero ambiziosi che corruppero e comprarono lo stato; e la repubblica cadde. Fu il sofisma sociale che non discendeva dalle cose premesse; fu una maniera d'*Italia una*, parteggiata, scissa e insanguinata da' Cesari e dagli Antonii. Allora la società, nella pienezza della vita vicina ad essere disfatta, s'ebbe a ricostruire sotto lo scettro del più furbo, e surse un Cesare, cioè il dominatore universale. Allora e Italia non fu *una* già, ma unita nella servitù con tutto il mondo, schiavo de' Caligola e de' Neroni.

L'Italia non potè essere una neppur nel medio evo, quando le nazioni moderne uscirono unificate dalla spada e dal seme de' Barbari. Spento l'Impero romano, le genti settentrionali, agguagliando con le stragi e le devastazioni i popoli tutti, occuparono le regioni, e furono semi di nuove nazionalità. I Franchi fecero una Francia, gli Unni una Ungheria, gli Angli una Inghilterra, e i Goti una Spagna; ma simiglianti Goti non poterono fare una Italia. E certo se alcuno poteva farla, questi era il gran Teodorigo Goto; perchè distrutto quasi il sangue romano, ripopolata la regione da estrana gente, fu quasi un popolo nuovo, cui si poteva dare la forma una, con l'unità di leggi e di governo; e che poteva naturalmente nel novello sangue, cominciar vergine una vita autonoma e sua. Teodorigo questo volle fare col gagliardo scettro e le leggi sapienti. Voleva *una* Italia; ma l'opera sua finì presto; e la spensero i diritti preesistenti de' Greci Bizantini, e la difficoltà geografica del territorio, più che i delitti de' suoi successori; nè valsero le buone leggi, le gagliarde volontà e le fortissime arme a sostenerla. Teia ultimo Goto non fu vinto già da Belisario e Narsete soltanto, ma dalla impossibilità d'una Italia. E così con uguale vicenda non riusciva a farla Narsete, nè Longino, nè l'Alboino longobardo, vincitore venuto con tutto un popolo ad occuparla. I Longobardi se stessi divisero. Autari terzo re, nel 589, asservendo molte repubblichette sino a Reggio di Calabria, fe' qui uno stato distinto. E v'ha chi assicura che anche a costui preesistesse il ducato di Benevento. Restò il regno lombardo superiore, il Beneventano nella parte inferiore, e alquante spiagge a' Greci. Incomincia da quel tempo l'autonomia del napolitano paese, che conta tredici secoli e più!

Nè tampoco sì poco divisa, e quasi tutta longobarda potette durare; che presto qua e là sursero repubbliche rivali e nemiche; ed ebbero la prima origine le persone di tante città, e le memorie e gl'interessi varii e contrarii, che non sono ancora spenti in tanto volgere di tempi.

Carlo magno prepossente voleva in *una* Italia fondare l'impero Franco; ma Arechi Beneventano lo arrestava sul Volturno; e seguiva fra essi una pace che fermò per sempre l'autonomia di questo paese meridionale. Carlo allora, veramente magno, vista la impossibilità di fare una nazione, e farla forte con l'Imperio, la volle forte con la Fede; e creò, o forse meglio riconobbe la monarchia de' Papi; la quale nel corso de' secoli ha propugnato la Fede e la civiltà. Ma il fortissimo Carlo magno non potè fondere l'Italia.

Non serve a rammemorare gl'inani sforzi degli Svevi; nè quelli moderni del I. Napoleone, che pure catturò il Papa in Vaticano. L'Italia non potè essere una mai; nè quel misero Conte di Cavour avrebbe fatto col braccio straniero quanto nè Teodorigo, nè Alboino, nè Carlo, nè il Bonaparte con arme proprie e vittrici poteron fare. Il Cavour poteva solo, come fece, dare allo straniero un altro lembo di questa strambellata italica terra.

L'Italia non fu una come Inghilterra, Spagna e Francia, perchè Iddio la creò svariata, la fe' lunga e smilza, e rotta da fiumi e da montagne; la popolò di stirpi diverse d'indoli, di bisogni, di costumanze,

[22] Un Toscano non intenderà a udire un Napolitano, nè questi un Genovese, nè questi un Calabro, nè questi un Lombardo, nè questi un Siculo, nè questi un Veneziano. Ciò è perchè

e quasi anche di linguaggio; [22] le mise più centri, le fe' elevare più città capitali; e die' a tutte le sue contrade una prosperità che basta a ciascuna, e a ciascuna una mente, un'anima e una persona compiuta. Han sì somiglianza, ma non omogeneità. Ogni suo paese è uno stato intiero; ha sangue, storie e passioni e bisogni suoi; ognuno ha e vuole la sua indipendenza, le sue leggi, il suo nome, e la sua vita; e niuna vorrà perdere l'essere, cioè uccidere sè, per far presente del suo spento corpo ad una città lontana o ad un tutto ideale, per averne in ricambio la particella d'un nome fragoroso, le difficoltà del governamento, la mutazione delle leggi, il far parte delle guerre europee, e il servaggio della patria vera.

Non si può per una nazionalità ideale distruggere le nazionalità reali. Potranno le cieche sette turbare gli stati, destare gli odii contro i sovrani, magnificar con paroloni un *re galantuomo*, muovere i facili desiderii di novità che annidano nelle masse; potranno sorprendere ed abbagliare un momento; ed in un istante di vertigini spingere una popolazione ad abdicare la sua potestà; ma passa la febbre, i mali nuovi si sperimentano peggiori de' vecchi, si ricordano i beni perduti, risorgono le antipatie di razze, si sentono le compressioni dello stato nuovo, manca la consueta prosperità, vien la miseria e la fame; e l'opera della rivoluzione in nome di una nazione fittizia è presto dal fremito delle vere nazioni rovesciata. E se lo stato assorbitore non fosse nè forte nè glorioso nè civile nè ricco quanto quelli assorbiti? Immaginate una Torino ingoiare una Napoli, un Piemonte abbrancar le Sicilie, l'ignoranza insegnare alla scienza, una terra assiderata, e quasi non tocca dal genio del bello, mandar pedanti a recar le lettere là dove le arti e le scienze tutte, misero eminente il loro seggio? Solo la cecità de' settarii, e quella testa del Cavour tanta insigne presunsione potean nudrire.

A tanti argomenti di storia e di filosofia sento mettere innanzi l'esempio della Francia rifatta una. Ma questa non ebbe difficoltà di

nella formazione de' dialetti, e nella fusione del romanesco col germanico linguaggio, ciascun popolo serbò le native forme di pronunzia e di vocaboli. Senza l'ingegno di Dante che unì le sparse membra del favellare nazionale, forse non avremmo una lingua scritta universale in Italia.

territorio, nè di stirpe. Essa è circolare, con un centro naturale; fu sempre di un sol popolo, de' Galli prima, poi de' Franchi. Non mai fu divisa, perocchè ebbe un re solo; e se grandi vassalli n'aveano staccati gli utili dominii, pur rimasto era l'imperio al monarca. Fu opera non impossibile, ma neppur lieve, il restituire alla corona quelle strappate gemme; e i re francesi vi stettero più secoli a farlo, ma contrattati, e successioni e nozze; cioè rispettando i diritti preesistenti, sebben fors'anco abusivi. E Francia ebbe solo una Parigi; nè ebbe Napoli, e Roma e Firenze e Genova e Milano e Venezia e Palermo, nè cento altre minori ma pure autonome città, che alla loro volta d'altri territorii son centri. E oggi la rivoluzione, calpestando ogni dritto, vorrebbe fare in un botto un'opera impossibile iniziata da una Torino, quando l'opera possibile, iniziata da' re in Parigi, e afforzata dal dritto, ebbe pur di più secoli mestieri!

L'Italia NON PUÒ esser *una*. Nè mai l'umana malvagità per più vana impresa inabissava i popoli innocenti in più crudeli ruine.

CAPITOLO NONO

Non conviene che sia una.

E sarà poi la vagheggiata unità di giovamento? Si vuole l'unità, per esser forti. Ma che forse la forza dà felicità? Infelicissima dunque sarà S. Marino ch'è la piccolissima delle repubbliche. E domandate a S. Marino se vuole abdicare al suo passato per fondersi nella persona italiana? La felicità viene dalla virtù. Questa è grande per sè; ed è più grande in Socrate bevente la cicuta, che in Marco Aurelio imperante al mondo. Per la virtù fu Solone da più che Creso, e Sparta ed Atene più forti che Persia; per essa Roma sola domò la terra; e la Roma di Gregorio VII vide prostrati gl'imperatori alemanni. Oggidì quando è tanta pompa di civiltà, diremo la civiltà stare nell'ampiezza del territorio, anzi nell'ampiezza fatta con insidie e rapine? La civiltà è per le nazioni quello ch'è la morale per l'individuo: la civiltà immorale è paradosso.

Gridate civiltà, e lacerate i patti di Zurigo da voi stessi firmati? suscitate le rivolture, comprate i Ricasoli, i Liborio, e i Pianelli, fate guerre senza dichiarazioni di guerra, suscitate passioni ree, abbattete monumenti, e calpestate le leggi del dritto, dell'onore e del bello? Gridate civiltà, e mentite sempre; infingete plebisciti, adescate i popoli, e li spogliate, e li fucilate, ed esiliate dalla patria gli uomini più eminenti? Gridate civiltà, e percuotete in tutte guise la religione, ch'è il fondamento della civiltà?

Ma a voi basta una civiltà di parole e di panni; volete esser forti, per dominare. E sareste forti, o Italiani, distruggendo il papato? questa opera immensa che ne dà la sola grandezza possibile dopo la irreparabile caduta di Roma pagana? questa opera che fa abbassare le più alle cervici, e fa piegare ossequiosi ver la patria nostra dugento milioni di fedeli? questa pietra imperitura che arresta gli Attila, i Carli, gli Errighi e i Napoleoni? Roma città capitale d'una Italia, sarebbe più capo del cristianesimo? Oh! se volete la forza, trovate prima una forza che agguagli il segno di croce della mano del venerando vecchio, che dal Vaticano benedice la terra.

Si dirà: uniti non saremo più comandati dallo straniero. Ma lo straniero non mai comandò in Italia, se non per le rivoluzioni. Queste, suscitate e sorrette dallo straniero, distrussero non ha guari Genova e Venezia, onore del nome italiano; queste menarono il papa prigione in Francia; alzarono prima una repubblica e poi un trono francese in Napoli; han tolto all'Italia, e forse per sempre, altre isole e provincie, e forse anche il resto toglieranno. La storia di tremila anni dimostra che la rivoluzione appoggiata allo straniero, mette capo al servaggio. La stessa rivoluzione che sotto lo scudo delle stranie vittorie ha fatte ora tante prodezze, ella sta sperimentando come lo straniero le impone le mercedi e le corse e le fermate. Esso comanda di dar Nizza e Savoia, esso spinge a Milano, esso ordina di non toccar Venezia, e sta minaccioso a Roma, e vieta anche alla rivoluzione il suo pieno trionfo. In nome della libertà si permette di asservire Napoli libero, e si vieta di liberar Venezia serva. E non vedete che si caccian via non gli stranieri ma gl'Italiani dall'Italia? Così ne verrà forza? Questa patria infelice già impicciolita e stremenzita vedrà tosto molte nazioni venir su questi giardini, a contrastarsi la nostra servitù.

Si dice: i principi nostri erano alleati dell'Austria. Certo erano alleati contro la rivoluzione; e sarebbero alleati con qualunque altro stato legittimo che fosse in Lombardia. Non furono certo i principi che v'insediarono il Tedesco. Il comune rischio doveva collegare tutti gli stati italiani per la difesa. Togliete l'arme alla rivoluzione, e la lega con l'Austria non ispaventa nessuno. Anche Torino, fu tanti anni amica dell'Austria; oggi ch'è fatta sedia di sette, è natural cosa che gridi contro i Principi e l'Austria collegati. Se Torino avesse voluto davvero la indipendenza nazionale, non avrebbe suscitate rivolte, nè tocca l'altrui libertà; e l'Italia senza veder visi novelli di stranieri camminerebbe a gran passi. Ma Torino, cieco istrumento d'oltremonti, distrugge le sue e le nostre forze, e pone i ceppi all'Italia, per darla ligata agli stranieri.

Ma per noi Napolitani è un dileggio crudele il vederci ora liberare da stranieri che non avevamo. Noi son già cento e trent'anni che con la bandiera de' gigli scacciammo il Tedesco, e ricuperammo la libertà; nè poi da quel felice anno 1734 vedemmo più stranieri battaglioni fuorchè in tempi di rivolte. Li vedemmo con le libertà repubblicane del novantanove, li rivedemmo con le libertà regie dal cinque al quindici, e ne vedemmo altri per la costituzione del 1820. Nel 48, grazie all'esercito nazionale che li respinse a Velletri, non avemmo cotai *liberatori*. Ed in questi memorandi 60 e 61 abbiamo stranieri da tutte le parti del mondo, venuti a liberarne dal peso delle nostre ricchezze. Lo straniero dal quale ne ha liberati il Nizzardo *ora Francese* Garibaldi, fu il napolitano Francesco, pronipote di quel Carlo tanto vero liberatore e benefattore de' Napolitani.

L'unità per noi è ruina. In nome della libertà ne vien tolta la libertà; perdiamo il dono di Carlo III; ritorniamo a' vicerè, anzi a' luogotenenti, anzi a' prefetti, anzi a' molti prefetti, per esser menati con la frusta. Siam costretti a pagare i debiti fatti dal Piemonte appunto per corrompere e comprare il nostro paese. Con la fusione de' debiti pubblici, noi nove milioni d'anime, con un lieve debito di 550 milioni di lire, ci fondiamo con quattro milioni d'anime ch'hanno l'enorme debito che sopravvanza i mille milioni; vale a dire che noi pagheremmo quattro volte i debiti nostri.[23] Avvezzi alla pace, saremmo trascinati a combattere le frequenti guerre europee, e a fare i soldati, lontani di casa, in luoghi nevosi e mortiferi, a mille miglia distanti. Veggiamo chiusi i ginnasii e gli educandati e gli opificii e i porti e le dogane, per sentirne adornati i nostri grossolani padroni. Restiamo gretti provinciali, senza lustro, costretti a mercar giustizia da ministri lontani, superbi, e ignoranti delle cose nostre; e pagarla cara in lunghi viaggi e strane stazioni, e non sempre averla; e temer le vendette e le calunnie e le avidità de' potenti, privi d'un cuor soccorrevole ch'oda i nostri lagni, e d'una mano amorosa che ne lenisca i mali. Una Napoli senza re, senza ministero, senza diplomazia, senza nobiltà; una Napoli monumentale diventare uguale a Salerno od a Chieti, è idea da non si poter concepire. Comandati dallo straniero e dal nazionale, saremmo greggia in balìa di lupi tosata e scannata. Di già un tristo saggio ne abbiamo in quest'anno trascorso. E se tanto spietato dispotismo, e tanta avida brutalità usa Torino in su' principii, che saria quando ringagliardito il braccio e sicuro dell'imperio, non avesse più temenza e ritegno?

Il governo liberale fallito spoglia il governo assoluto prosperoso; e ridotto a non poter vivere, per campar del nostro, inventa questa fraudolenta unità. Il proletario desidera accomunare i beni col signore. Vuol far guerra col sangue nostro; vuol saziare la sua setta parassita co' denari di noi pacifici e industriosi; e appagare le sue borie col nostro abbassamento; però fonde i debiti pubblici disuguali, appaia le sue alte tasse alle miti nostre, e in un botto, con una parola, ne invola la metà della roba nostra. Il primo frutto dell'unità è lo aumento di tutti i pubblici balzelli.

[23] Questi debiti furon fatti dalle rivoluzioni. Le sette non potendo meglio praticano così il comunismo. I settari (che han hanno mai nulla del loro) saliti al potere, fanno far debiti allo stato; quali in mille guise sono spesi e da essi stessi ingoiati, e poi pagati da chi ha roba. Così senza strida, la proprietà scema del suo valore; perchè sempre una maggiore parte, sotto forma imposte pubbliche, ne va al fisco, per pagare i creditori.

Si dice: con l'unità si fa la forza. Ma esso per contrario addoppia le gelosie municipali, fa le popolazioni riottose, consuma le soldatesche per contenerle, e sparge in casa quel sangue che dovrebbe esser sacro alla patria difesa. I principi discacciati da' loro seggi avran qui per lunga età simpatie e seguenze; e terran vivo il fuoco, nè mancheranno d'aiuti forestieri. Avremmo in ogni lustro guerre civili e dinastiche di pretendenti, dove se pur si vincesse sempre, ne andrebbe guasta la felicità del paese, sino alla distruzione di tante principesche famiglie. Già questo reame ebbe per due secoli i dinastici parteggiamenti Angioini, Durazzeschi e Aragonesi, che lo posero in fondo d'ogni infelicità, e ne ritardarono l'incivilimento. Ritorneremmo a quei tristi tempi. E fra tante ire, dove andrebbero le unitarie forze nazionali? Anzi dove sono ora? Già pochi capi di banda che han levata la bandiera de' gigli, combattono soli contri la vantata unità. Tutte le forze d'Italia non furono bastevoli in un anno a scacciar Chiavone da' monti di Sora, nè Cipriano dalle colline di Nola! E scaccerebbero il fortissimo Tedesco da Mantova? E non vedete co' fatti quanta è surta fiacchezza da quella unità sì levata a cielo?

Si dice: L'Italia con Roma a capo sarebbe grande. E qui si confonde l'effetto con la causa. Roma ha gran nome perchè è capo della cristianità: fatela capo d'Italia, e sarà minore di Vienna, di Parigi e di Londra: distruggete il pontefice, e Roma è città morta, siccome il suo colosseo. Ma sì, voi promettete libertà a un papa che spogliate; e la promessa uscita da chi si vanta di non riconoscere nessuno dritto, e di chi infrange i patti solenni de' trattati, credete persuada il Cristianesimo, e il contenti che il Vicario di Dio diventi cappellano d'un *re galantuomo?* Voi proclamate *chiesa libera in stato libero*; voi *stato* rapinatore dello stato altrui, voi liberati toglienti alla chiesa la libertà de' suoi secolari possedimenti, voi rivoluzionarii che ponete la brutalità invece del dritto delle genti! Credere che i cristiani vi possan credere è un beffarsi del raziocinio. Or le promesse de' settarii! A voi basta il gridar popolo e civiltà per saccheggiare i popoli civili; a voi bastò gridare Italia, perchè di poverissimi abbiate già fatte colossali fortune; a voi basta sclamare *innanzi, innanzi!* e che v'importa dove si vada a precipitare? che importano a voi le calamità degli altri, purchè si faccia l'Italia?... L'Italia senza Dio! Ma a che serve avere *uno* vessillo e la divisione nel cuore? I pugnali, gli odii, i tradimenti, le ipocrisie, le calunnie, gli spogli, le carceri, gl'incendii, gli stupri e le fucilazioni! .... L'Italia a questo prezzo?

L'Italia abbenchè divisa, fu sempre grande. Ella ha due volte dal suo seno cavata la scintilla della civiltà, e l'ha porta al mondo. Pitagora Dante, lontani, e per tempi e distanze, ambo cittadini di due fievoli repubbliche, dettero i primi lampi delle due civiltà di cui la storia ha ricordo. Non le forti falangi, ma il forte pensiero è vincitore. L'Onnipotente che non dà tutto a tutti, se tolse a questa patria il poter essere *una*, le die' grandezza per via della sua stessa divisione. Divisa, ebbe più centri, dove in più parti si cumularono monumenti d'arte e scienze infiniti. Napoli, Roma, Venezia, Milano, Palermo, Genova e Firenze sono ciascuna una maraviglia; e lo straniero esula ogni anno dalle sue grette contrade per venire a bearsi d'ogni pietra di questa classica terra. Qui il Franco, l'Espano, l'Anglo e l'Alemanno s'inchina, a questa polve gloriosa, che a dispetto della sorte detta ancora leggi di sapienza, di religione e di bellezza. Solo chi ha il cuor duro come le rupi, ne affetta con barbaro sogghigno il disprezzo. Il settario soltanto è insensibile alla eloquente beltà di tanti monumenti che calpesta; e così dimostra l'anima sua aver molto del macigno delle Alpi.

L'Italia ha tante città quanti ha popoli e stati. L'emulazione e la gara innalzò tutte; e che sarebbe se avesse una Roma soltanto? La Spagna ha Madrid, l'Inghilterra ha Londra, e la Francia, l'altiera Francia ha l'ampia Parigi. Tutti questi grandi e nobili paesi non volgono gli occhi che a una sola grande loro città, siccome a stella scintillante in fosco cielo; ma le città d'Italia sono un gruppo di soli...

L'Italia *una* spegnerebbe questi soli. Il Piemonte con le sue tenebre vorrebbe abbuiarli. Ma la Provvidenza stà. Ella arma i contadini delle Sicilie, perchè resti irrisa la cruenta vanità de' Cialdini e de' Pinelli, e la mala sapienza degli eroi della rivoluzione. I nostri contadini col braccio e col cuore dimostrano che l'*unità* NON È CONVENIENTE all'Italia.

CAPITOLO DECIMO

I napoletani non vogliono

E fosse pur buona, la ricusano i Napolitani. La volontà popolare, ora quando si deifica *il diritto dei popoli*, sarà solo pe' Napolitani parola morta, anzi amaro scherno? Torino *vuole far una* Italia, e le Due Sicilie saran disfatte, perchè Torino *vuole*?

Certo anche qui, il 21 ottobre 1860, fu secondo l'usanza un *suffragio universale*; un suffragio dopo che il Dittatore aveva decretata l'annessione! Vi presiedevano cinquantamila Garibaldini con l'arme sanguinose, mentre cinquantamila baionette sarde assalivano alle spalle i nostri pugnanti soldati. In quel momento di terrore, quando a un girar di ciglio un uomo era morto; quando i cartelli sulle cantonate dichiaravano NEMICO chi volasse pel NO; quando battiture e ferite e morti seguivano nelle sale de' comizii; quando anche l'astenersi era apposto a colpa di stato; in quel terribile furor di guerra fra cannoni e pugnali e *rewolvers*; quando eran poste due urne palesi per far che la paura sforzasse la coscienza, e quelle del NO eran coperte da' *camorristi*; quando costoro in frotta, di piazza in piazza, votavan le dodici volte; quando minacce, insinuazioni e promesse sforzavano la volontà; quando gl'impazienti vincitori, frementi dell'aspettare e del veder pochi votanti lanciavano a piene mani i SI dentro l'urne; quando gli scrutinatori moltiplicavanli con la penna, e ne facevano a forza numero di maggioranza, oh!... quel famosissimo suffragio universale è crudo scherno.

Niun pacifico uomo, in quei miserevoli giorni, poneva mente a quanto la setta operava. Salvar la vita era il pensiero universale; e il poter salvarla col gettare una schedula nell'urna era sovente opportuno modo. Il popolo udì il non più udito plebiscito, senza intenderlo; e dove intese si astenne o riluttò.[24] Nella piazza reale di Napoli fu pro-

[24] Il governatore rivoluzionario della Capitanata così rapportava da Foggia, a 24 ottobre 1860: Il giorno del plebiscito è stato per questa provincia un giorno d'insurrezione, ed i comizii in più comuni non si sono raccolti. Si sono fatti E SI FANNO SFORZI STRAORDINARII, perchè

clamato il voto, senza sorpresa, senza plauso, senza popolo, se plauso e popolo non diransi le guardie nazionali per ordine, e i *camorristi* di rito, e loro famiglie. Il popolo, e soprattutto quello delle campagne, fremeva a quella ressa, della quale non bene il senso intendeva; [25] ma ben capiva ch'era rivoluzione e broglio. Il contrabandiere vedeva di poter ora spregiar le ordinanze doganali; [26] il proletario sentiva che avrebbe mangiato senza fatica; l'ambizioso che avrebbe uffizii e soldi; il galeotto si vedeva fuor dagli ergastoli; e pur di donne brutte o vecchie si speravan trovare amanti e mariti fra tanti scavezzacolli stranieri. La buona gente si stava in casa, o stretta in carcere, timorosa ed ansiosa, non dando importanza legale a quella rea tragicommedia.

Ma alla setta bastava mostrare all'Europa una maggioranza di cifre; fu bensì avveduta a non esagerarla oltre a 1,313,376; e più le parve bene mostrare imparzialità col segnare 10312 voti negativi. Cosicchè in tutto fe' credere venissero all'urna 1,323,688 votanti. Or se da quei voti affermativi togliete quelli dati dodici volte da' *camorristi* accorrenti a tutte le piazze, quelli a migliaia dati da esteri Garibaldini,[27] quelli lanciati da' presidi dell'urne; se togliete i giovanetti imberbi, ammessi per far numero; se cancellate le cifre moltiplicate da' computisti che aveano a tirar fuori un numero da giungere a maggioranza, troverete pochissimi i votanti.

Nè indicano libertà di giudizio i 10342 voti negativi; perocchè, se pur furon veri, furono de' Garibaldini repubblicani che davano il NO. Qualunque altro non Garibaldino che osò altrettanto, la pagò cara. Pertanto in molte piazze furono busse e pugnalate; e io vidi in

il movimento non fosse generale ec. Parla poi di reazioni universali, e domanda soldati ed arme. Vedi appendice all'Opuscolo il Governo della Capitanata, Tip. Colavita, 1861. Se fossero pubblici i rapporti degli altri governatori avemmo in ogni provincia di simiglianti confessioni.

[25] Presero talvolta a ingannare i contadini, dicendo che i SI accennavano al ritorno di Francesco, come avvenne in Mileto di Calabria, e altrove. Sovente davano molti SI in una cartella; e l'ignaro contadino ubbidiva, credendo con più voti di richiamar meglio il suo re.

[26] Vendevano pubblicamente per le vie il sale di contrabando a due grani il rotolo, gridando: Sono usciti i ladri! per incitare a plaudire la rivoluzione. Così ogni stato costituito sarà ladro se ha pubblici balzelli; e l'Inghilterra, che ne ha di gravissimi, sarà la più ladra di tutti.

[27] Anche il Garibaldi, il Bixio, il Sirtori e consorti ebbero l'impudenza di dare il voto.

piazza Montecalvario, nel bel mezzo di Napoli, un povero vecchio andarne malconcio di gravi ferite, alla presenza dell'eletto. E che mai non fecero ne' paeselli solinghi e lontani?

Dunque nel reame soli 10312 voti niegarono l'annessione al Piemonte? E le prigioni tutte colme di centomila infelici che Borbonici appellate voi stessi? E le vostre liste di *sorvegliati* indefinite? E le migliaia di fucilati da voi? E i vostri stati d'assedio? [28] E i centomila ufficiali militari e civili da voi cacciati d'uffizio? Egli esiliati che van raminghi per la terra? E le bande, insorte in tutte provincie, che vi combattono con l'arme alla mano? E gli abitanti di quindici città reazionarie da voi rovesciate e bruciate? E i villaggi, e i molini, e le cascine, e le case in ogni parte saccheggiate da' Garibaldini, e da voi? Tutta questa immensa enumerazione di gente, cui voi stessi dichiaraste inimica, va dunque compresa ne' 10312 voti negativi; ovvero votarono pel SI?

Lasciate dal vantar plebisciti. Dite che son *fatti compiuti*; e sì che sono compiuti, ma per restar monumenti eterni di vostra nequizia. Voi, gretta minoranza, volete imporre il vostro pensiero ad una nazione, e col pensiero i ceppi, e co' ceppi gli spogli, e co' spogli le morti. Vi dichiarate maggioranza, ma l'opere vostre stesse vi han contati, e coteste paure vi dimostran pochissimi. Mandate via gli armati stranieri, e conteremo meglio. Un pugno di tristi vuol comandare a' milioni; però destituisce, disarma, condanna, pugnala, carcera, esilia, fucila ed incendia. Siete atroci, perchè pochi; siete costretti a dar terrore, perchè vi manca il numero; dovete far seguaci con la corruzione, perchè non avete il concorso della virtù; e volete asservire la

[28] Il governatore rivoluzionario di Teramo dava fuori a 2 novembre cioè nove giorni dopo il plebiscito, questa ordinanza: Tutti i comuni della Provincia dove si sono manifestati e si manifesteranno movimenti reazionarii, sono dichiarati in istato di assedio. In tutti i detti comuni sarà eseguito un rigoroso e generale disarmo... I cittadini che mancheranno all'esibizione delle arme di qualunque natura, saran puniti con tutto il rigore delle leggi militari da un consiglio di guerra subitaneo. Gli attruppamenti saran dispersi con la forza. I reazionarii presi con le arme SARAN FUCILATI... Gli spargitori di voci allarmanti saran considerati reazionarii e puniti militarmente con rito sommario — P. DE VIRGILI. — E chi dubitasse della esecuzione ricordi l'ordinanza essere eseguita da generali e soldati piemontesi!

patria, perchè la patria non vuol voi. Ma niuno più vi crede; e quei protettori che a forza di menzogne vi guadagnaste, anch'essi han dato giusto giudizio de' vostri plebisciti. Il nobile Lord Russel nel dispaccio del 24 gennaio 1861, diceva: *I voti ch'ebber luogo pel suffragio universale in quei regni e provincie non han grande valore agli occhi del governo di S. M. la regina. Questi voti sono mera formalità dopo una insurrezione o di una ben riuscita invasione; nè implicano in se l'esercizio indipendente della volontà della nazione, nel cui nome ei son dati.* Ben è vero che questo Lord suggiungeva il Parlamento di Torino qual rappresentante della nazione poter dell'annessione deliberare. Ma se nullo è il plebiscito, è illegale il parlamento; nè quei rappresentanti potevano aver mandato per l'annessione ritenuta già fatta. I rappresentanti eran conseguenza non causa dell'annessione.

E come vennero eletti costoro? È stato più volte comprovato che i voti dati in tutta Italia a' deputati proclamatori del re d'Italia giunsero appena a centomila. E centomila fra 24 milioni d'Italiani formerebbero i destini di tante nazioni? E se non era legale pel Russel il voto di un milione e trecentoventitremila persone nel solo regno di Napoli, sarebbe legale, il voto d'un parlamento fatto da centomila in tutta Italia? Cotesti sedicimila deputati, ignoti al popolo, corifei di sette, eletti da se stessi, e il più senza nome e poverissimi, ora proclamano il re d'Italia, e fan debiti, e pongono imposte, e ci levan la roba. Fuorusciti, cospiratori decennali, pasciuti da Torino, ora pagano lo scotto a Torino con le nostre tasche. E questa nobilissima patria sarebbe così manomessa?

In mentre qui stranieri e *camorristi* costruivano il plebiscito d'annessione, l'esercito nazionale combatteva per l'indipendenza; e per l'indipendenza combattevano con falci, ronche e pietre i disarmati contadini; [29] combatteva il clero col niegare i *Te Deum*, l'ingegno e la nobiltà con gli esigli e con le carceri e lo astenersi, combatteva la ricchezza col nascondersi, la mercatanzia col ritrarsi dal commercio, e gli

[29] Ricordo i soli fatti d'Isernia e Caiazzo vicinissimi a campi di battaglia.

uffiziali col farsi daigli uffizii destituire. In mentre si menava a cielo l'unanimità del voto, i Pinelli e i Cialdini lo smentivano con le bombe e le fucilazioni, col sacco e col fuoco.[30]

I Romani federavano i popoli vinti, e lor serbavano le leggi e le costumanze; però solo quando si facevan ribelli assoggettavanli a prefetture. E questo era stato di punizione, e durissimo; laonde ogni città abborriva dall'esser prefettura di Roma. E si crederà Napoli spontanea agognare all'onore d'esser prefettura di Torino!! Torino ha inventato il plebiscito de' numeri; ma il mondo vede i plebisciti de' fatti d'una intiera nazione, e molti e diversi. Le fortezze di Capua e Gaeta, di Messina e di Civitella del Tronto contrastano sinchè han potenza di difesa. Gli agenti nostri diplomatici all'estero restano al posto loro, e senza emolumenti. I nobili, fuggenti o cacciati dal regno, riempiono l'orbe de' loro lamenti, protestano, e danno al re e alla regina sulla terra nell'esiglio, una spada e una corona gioiellata, per omaggio di fedeltà, e attestato di gratitudine per la difesa della patria.[31]

I soldati lasciano le case loro, e disertano dallo straniero per isquassare sopra le vette de' monti l'avita bandiera. I contadini (fanno i nove decimi del popolo) tutti a sospirare il re: e chi corre a ingrossar le bande nazionali, e chi vi reca panni e pane, e chi dà avvisi e segnali; e pronti anzi a morire che a servire. Gli scienziati od artisti si niegano alle orgie demagogiche, e sono condannati a non pensare; però vedi rimutate le università e i licei, e sciolti gl'istituti di scienze e belle arti, e gli educandati e i collegi. Il Clero fuggente o sofferente leva preghiera a Dio, ed aspetta. Gli artegiani, mancanti di lavoro, caden-

[30] Il Pinelli da Ascoli, a 3 febbraio 1861, emanava un ordine del giorno a suoi soldati, ove fra l'altre diceva: [...] Siate inesorabili come il destino. Contro nemici tali (i reazionarii!) la pietà è delitto. Noi annichileremo e schiacceremo il sacerdote vampiro, il Vicario non di Cristo ma di Satana... Purificheremo COL FERRO E COL FUOCO le regioni infestate dall'immonda sua bava.... Non ti par di udire un cannibale, anzi il Satana del Milton che maledice il creato, la virtù e Dio? Lo stesso governo piemontese l'ebbe a richiamare: perocchè voleva, sì, che si fosse col ferro e col fuoco proceduto, ma voleva non si dicesse. E di fatto ritornato dappoi il Pinelli, ha usato ferro e fuoco, ma non ha più dato di siffatti ordini del giorno.

[31] Questi doni costarono 200 mila franchi; ed è molto eloquente cotal maniera di plebiscito, dove il prezzo è pagato da chi dà il voto, non da chi il riceve!

ti per fame, esclusi dagli aboliti opificii, piangono, tumultuano e van popolando le carceri e i monti. Sin le donne in frotta per le vie, innanzi agli oppressori sventolano bianchi panni, e gridano Viva Francesco. Il popolo tutto accorre a comprare i pochi giornali conservatori, e impara a memoria i proclami di Borjes e di Chiavone. Si vedono bensì Garibaldini far la palinodia, e ripiglian l'arme pel combattuto re, e scrivere giornali borbonici, e pienamente pentirsi. Anco i deputati rivoluzionarii strepitano nella Camera a Torino, e v'ha chi protesta e chi si dimette. E gli stessi giornali rivoluzionarii, o che finiscono per mancanza di lettori, ovvero anche pagati da quel governo, sono stanchi di adulazioni, e fanno dalle mal vergate linee tralucere l'odio al Piemonte, e la stanchezza della menzogna. Una guerra è in ogni paesello, il regno è un fuoco, e il terrore non basta a rattenerlo.

Nè bastano le male arti, nè la forza. Non bastarono centomila Piemontesi, nè un principe reale, nè quattro luogotenenti cui la setta avea già dato rinomanza e celebrità; non un Farini *riorganatore*, non un Nigra *diplomatico*, non un Ponza amministratore, non un bestiale Cialdini.[32] Questi gonfi uomini innalzati da vaporose lodi settarie, qui denudarono la loro nullità. Non bastò si accozzasse una guardia nazionale faziosa, che fa la spia, lo scherano e il carceriere; non bastarono i *corpi franchi* e le *guardie mobili* composte di proletarii e disperati. Non bastarono cento nuove leggi, non i promessi demanii, non le dogane aperte, non i profusi tesori, non le ordinanze marziali spietatamente eseguite, non i nuovi ordini inventati per ferrare le dita e i polsi a' gentiluomini, non le persecuzioni e gli abbruciamenti de' giornali propugnatori della verità; nè bastò che la menzogna insanguinata sfolgorasse tutte maniere d'arme e di vendette. La nazione rilutta.

Altra prova di contrario plebiscito è la ordinata leva militare. Le liste sono lacerate a furor di popolo, gli agenti comunali minacciati;

[32] Il proclama di costui è monumentato della balorda ignoranza d'un plebeo salito al potere. Parla d'un Vesuvio ruggente, d'un Portici che trema, e non so quante altre pappolate. Quando ei poi andò via, fu schernito con questo scritto per su le mura: Quando il Vesuvio rugge, Cialdini fugge.

indarno accorrono battaglioni, e armati sgherri presiedono a' sorteggi; incontanente i sorteggiati fuggono su' monti. E questo paese dava senza sforzo centomila coscritti al suo re. E perchè ora non vanno a servire il Piemonte quei che dettero il famoso SI?

Chi adunque nel reame vuole l'unità? Non la nobiltà, non il clero, non gli scienziati, non le milizie, non gli artigiani, non i contadini, e non i commercianti. Voglionla i contrabandieri, i galeotti, i *camorristi*, ed uomini oziosi, lanciati per *errore* o per bisogno o ambizione nel caos delle sette. Questi han preso le cime degli uffizii, questi strepitano, scrivono, spauriscono, pugnalano, fucilano, e si chiamano popolo e nazione. Ma il popolo del regno NON VUOLE l'Italia una.

CAPITOLO DECIMOPRIMO

Invocano il non intervento

Se *una* Italia non è davvero voluta dal Piemonte, se l'Italia *non può* essere una, se non conviene che la sia, se i Napolitani non la vogliono, perchè bruttare la patria col ferro e col fuoco?

E l'Europa gridò *non intervento*; ma non interpose il suo *veto* all'intervento del Piemonte. S'ell'è giustizia che nelle gare interne de' popoli non entri straniero, non poteva il Piemonte entrare a conquistare uno stato ch'ha tredici secoli di vita sua, riconosciuta da cento trattati. Non poteva il reame esser considerato parte d'uno stato ipotetico; e, pel sofisma dell'unità del linguaggio, essere assalito improvvisamente da altro stato, col quale da che l'Italia fu abitata mai non ebbe comunanza. Chi ritiene *non intervento* lo intervento piemontese in Napoli, ritiene fatto uno stato non ancora fatto. Quasi che *una* Italia fosse già costituita, si finge riguardare la lotta internazionale come gara interna d'un solo popolo; e si permette che la potenza di tutta Italia, unita a forza dallo straniero e dalla setta mondiale, ischiacci una nazione tranquilla. Quando l'Italia ancora non era fatta, si supponeva fatta per farla. Questo giuoco di parole corrisponde al giuoco delle idee che l'Europa civile ha dovuto subire, per essere spettatrice impassibile del più enorme attentato contro la indipendenza dei popoli ch'abbia mai visto la misera umanità.

Il *non intervento* fa, o crede fare, omaggio alla volontà de' popoli, e al diritto ch'ha ciascuno di costituirsi a modo suo. E sia così. Ma dunque i Napolitani soli saranno al bando delle nazioni, e dovranno essere costituiti a modo altrui? Anzi che vietarsi lo intervento, s'è anzi lo intervento incoraggiato. Col supporre le Sicilie già fuse con l'Italia, si permette l'aggressione per fonderle; e all'ombra del non *intervento*, uno stato felice s'ha di fuori l'*intervento*, e il più orribile de' mali, la rivoluzione! Così l'assassino dispogliando il viandante potrebbe invocare il non intervento de' gendarmi.

Cotesto esempio darebbe in appresso rei frutti. Il Belgio e la Francia hanno unità d'origini, di territorio, e di storia e di favella, e già altra volta furono fusi; ma sarà per l'Europa caso di non intervento, ove la Francia assalga il Belgio? Se la Prussia per la ragion del parlare annettesse a sè tutti gl'indipendenti stati alemanni, niuno dovrebbe vietare l'assalimento? Se il Portogallo, congiunto alla potenza rivoluzionaria segreta e palese, assalisse, corrompesse e annettesse la Spagna, sarebbe ei pur caso di *non intervento*? Certo tai due stati han comunanza di patria, di sangue, di clima, di storia e di costumi; e fusi furono, e già per 68 anni stette il Portogallo annesso alla monarchia Spagnuola, sino al 1640, quando rinunziando alla grandiosa idea d'unità nazionale ei rivendicava la indipendenza. E che parrebbe una Spagna annessa al Portogallo? Saria come le Sicilie annesse al Piemonte; il più compreso nel meno, la sapienza compresa nell'ignoranza, che sono impossibili fisici e morali. E quando un piccolo Portogallo non potè durare nelle forze Spagnuole, che imperavano sul mondo, sarebbero le Sicilie tenute a lungo dal fievolissimo Sabaudo?

Dire che il linguaggio costituir debba gli stati, è certo un sofistico errore; ma egli è sarcasmo crudele per noi a udir cotal errore ritenuto per buono da stati possenti, che co' fatti e con le forze loro dimostrano il contrario. La Francia che ha Corsica e Nizza, Inghilterra che ha Malta voler l'Italia costituita pel linguaggio! Esse che tengono tanta parte d'Italia, e forse più ne sospirano! Ahimè! sembra un più lontano intendimento s'abbia chi dichiara una cosa ch'è contraria al fatto suo, e proclama altro dritto per altri, ed altro per sè.

E se il linguaggio costituisse gli stati, sono certamente italiani questi Nizzardi, ora dati appunto per prezzo della dichiarazione di *non intervento.* S'interviene *per avere*, non s'interviene *per far prendere.* Così l'ambizione acconcia le parole al desiderio. Unità di linguaggio v'è fra il Piemonte e le Sicilie, lontani le mille miglia; non v'è unità fra Nizza e Genova limitrofe e sorelle. Deh! per pietà, potenti della terra, adoprate pure le vostre formidabili bombe; ma non abusate del raziocinio, non fate all'umanità l'infelicissimo de' danni, ch'è il disperdere l'idea della ragione e del dritto.

Deh! si ritorni all'eque idee d'universale giustizia: niuno davvero intervenga nelle liti nostre; il Piemonte lasci Napoli a' Napolitani; e ne sia ridonata la patria. La patria non è vano nome; ella è il luogo ove siamo nati; nè siffatta semplice idea, cui bensì ogni idiota sente, si può con astrattezze complesse d'inconcepibile unità pervenire. La nostra patria non è Torino, ma Napoli; e l'uomo delle Alpi non è Napolitano. Inoltre l'uomo che saccheggia, che fucila e incatena ed esilia, è straniero di fatto; nè solo a questo regno, ma a tutta Italia, all'Europa e all'umanità. Il Piemontese tornando a casa sua ne può esser fratello; può esser cattolico se bacia il piede al santo padre; può esser civile se riede al dritto delle genti; ma qui, col piè su di noi, e sopra S. Pietro, e su mezza Italia da lui devastata, il Piemontese è più straniero che il Tedesco; è barbaro Unno; ovvero è il fratello che uccide il fratello, è Caino.

Potrebbe l'Europa con un motto punire del mal fatto intervento questo invasore, e por fine al sangue; perocchè il reame in un giorno saria per se stesso ricostruito. Ma in qualunque caso badi l'Europa a far che novelli possibili interventi non evochino fra noi altre più gravi e più disastrose dinastiche quistioni. Se rimane la gara fra il reame disarmato e il Piemonte armato di tutte le rivoluzionarie forze, sarà ancora acerba la lotta, ma vinceremo; chè non si scaccia la nazione come si è scacciata la dinastia. Gaeta e Civitella crollarono sotto le bombe, ma sono incrollabili gli Appennini fatti da Dio per la nostra indipendenza. *Fuori lo straniero!* è il grido terribile di tutta una gente oppressa: ogni valle, ogni grotta, ogni macchia ne ripete l'eco; un popolo non può tutto andare in esilio, o in carcere, o in tomba. Vi saran sempre braccia per combattere e seppellire l'avido invasore sotto le campane glebe.

CAPITOLO DECIMOSECONDO

Vogliono il loro re

Assaporati i mali dello straniero governo *liberatore*, i Napolitani rimpiangono la pristina pace, e il loro patrio governo. Viste le rapine delle *annessioni*, anelano a' beneficii della restaurazione; visto il re Sabaudo, rivogliono il re Borbone. Questa volontà è manifesta. Lo dicono gli stessi oppressori, co' loro eccessi; eglino stessi appellano borbonica la reazione; e di più l'han battezzata malvagia. Il venirci essi a incatenare è eroismo; il volerci noi redimere è malvagità! Ma se l'*azione* fu rea, la *reazione* è santa. Che vale che i tristi la dicano *brigantesca*? Ne avete tolte l'arme a tradimento, e siamo briganti combattendovi senz'arme alla svelata? Briganti noi combattenti in casa nostra, difendendo i tetti paterni; e *galantuomini* voi venuti qui a depredar l'altrui? Il padrone di casa è il brigante, e non voi piuttosto venuti a saccheggiarne la casa? Ma la coscienza universale ha giudicato; e già l'Europa ha imparato a intendere a rovescio le vostre parole. Se siamo briganti, quel governo che sforza tutto un popolo a *briganteggiare* è perverso. Quel governo che s'impone con le bombe e le fucilazioni è spietato; e se prima poteva avere amici fra gl'illusi, dopo la prova ha solo oppressi che lo abborrono. E questo nome stesso di briganti, che fu già tristo ed abbietto, noi lo facciamo amare dall'anime gentili, e lo renderemo glorioso.

Sinchè il re combatteva, noi eravamo con esso su' campi dell'onore: oppresso il re, era da scegliere fra il servaggio e la morte. Fu necessità salire su' monti a trovar la libertà. È quasi un anno che combattiamo nudi, scalzi, senza pane, senza tetto, senza giacigli, sotto i raggi cocenti del sole, o fra' geli dell'inverno, entro inospitali boschi, sovra sterili lande, traversando fiumi senza ponti, traversando muraglie senza scale, affrontando inermi gli armati, conquistando con le braccia le carabine e i cannoni, e strappando pur su' piani campi di Puglia e di Terra di Lavoro la vittoria a superbissimi nemici. È quasi un anno che versiamo il sangue, fra le benedizioni de' sofferenti, sostentati dall'amore de' popoli più miseri di noi, e sorretti da quel Dio che non abbandona gli oppressi. È un anno che sventoliamo sugli occhi di questi vani strombazzatori di trionfi, la santa bandiera de' gigli; di quei gigli che essi indarno cancellano da' patrii monumenti, e che sono sculti ne' cuori di nove milioni d'abitanti. Viva Francesco! è l'unanime grido de' prodi.

Spargono che siamo pochi; ma duriamo da un anno contro centomila baionette, e contro insidie più triste ancora. Dicono che combattiamo per rapire. Rapire a' Piemontesi che non han nulla, e tutto ci han rapito? Dicono che la reazione è alimentata dal re. Da quel re che abbandonava la città capitale per non far sangue? Da quel re che uscendo di Gaeta ritraeva dagli Abruzzi il colonnello Luvarà, combattente con le masse a Tagliacozzo? da quel re che nulla ha, dappoi che sin de' suoi privati beni era da' *rigeneratori* dispogliato? No, è la nazione che abbandonata a se stessa spontanea rilutta. Nel mezzo della Basilicata e delle Puglie, su' monti Irpini e Nolani, non possono andare ordini nè soccorsi dell'esule monarca; e sono invenzioni di giornali le bugiarde notizie di sbarchi di stranieri a migliaia annunziati. Non stranieri, Napolitani sono. Senza soldo, senza onori, senza uffiziali si combatte; ed anco il prigioniero, morente sotto spietate fucilazioni, cade dando i viva al Re, fra gli aneliti di morte.

La nazione vuole Francesco. Trovate un re più cavaliero, più cristiano, più meritevole? Qualunque osi col pensiero agognare questo rovesciato napoletano trono, si misuri con Francesco, e si taccia. Francesco è il re napolitano; e più che pel sangue e pel dritto de suoi padri, egli è re pel sostenuto onor nazionale, per le pugne del Volturno, e per le fiamme di Gaeta.

L'Europa s'affanna su la *quistione* napolitana: e qual quistione? Posto che Roma è del Papa, rotta è l'Italica unità; qui resta un regno, che ha il suo re. Escano i Piemontesi, e la quistione è risoluta. Questa è la sola, è l'unica soluzione del facilissimo problema. Vogliamo il re nostro. Per questo sfidiamo le carceri e i ferri; per questo a guisa di belve siam cacciati per grotte e per valli, ed in durissimi esigli; per questo morenti protestiamo; e le nostre città fra il foco, gli stupri e il saccheggio, innanzi agli occhi dell'Europa civile, cadono rovesciate dal vandalico braccio di codardi oppressori. VOGLIAMO il nostro re.

CAPITOLO DECIMOTERZO

Vogliono far davvero l'Italia

Dicono esser noi nemici d'Italia, quasi che questa patria non fosse Italia per eccellenza. Gli antichi intendevano Italia appunto questa. La scuola di Pitagora Cotroniate, era detta *la scuola italica*; perchè qui divampò la prima italiana, anzi europea, scintilla del sapere. Più su era Gallia, eterna nemica del nome latino; e fra essa e l'Italia era il Rubicone. Dopo la barbarie, qui risorgeva la civiltà, alla corte di Federico II. Qui la poesia, qui le leggi, qui le scienze umane risfavillano. Flavio Gioia e Pier delle Vigne nacquero qui; e qui dappoi sursero ingegni, che la italiana grandezza elevarono, sì che questa meridionale contrada nella universale opinione non rimase addietro a qualsivoglia nobilissima nazione.

Nell'età moderna il settentrione della penisola è stato ritenuto terra italiana, per geografica designazione, e bensì per una certa simiglianza di favella, per le glorie e le sventure comuni, e per una certa comunanza d'insieme, che dà a tutta la penisola una ideale incontrastabile unità. Ma niuno al mondo pensò mai l'Alpigiano esser più italiano di chi nasce nella patria di Cicerone e d'Orazio, di Giovanni da Procida, del Tasso e del Vico. Era serbato a noi viventi l'onta del soffrire i rozzi cinguettatori d'un semi-gallico dialetto, venire a insegnare l'italianità a noi, maestri d'ogni arte, e iniziatori d'ogni scienza.

L'arte settaria denigrava il nostro paese, e il Piemonte si pensava davvero di venire a incivilire questi *barbari popoli*; e fu sì insolente e stupido da portarne l'abbiccì, e obbligare i nostri maestri di scuola a udir le lezioni di certi Torinesi, appositamente inviati per imparare a balbettare non so qual sillabario; e, per farne meglio italiani, ne recò un incomprensibile vocabolario, e cento ineseguibili leggi, e la sue monete di falsa lega, e i suoi debiti, e gli esempi di laidezze e rapine e irreligione e ferocia di cui dopo i Vandali s'era perduta la memoria.

Ma noi, la Dio mercè, siamo ancora gl'Italiani per eccellenza. Il senno della nazione non può esser domo dalle luccicanti fallacie delle sette. L'Italia fu grande perchè fu virtuosa, nè può tornare a grandezza, se non torna a virtù. Il Piemonte corruttore non può essere iniziatore, se non di decadimento. Noi, non vogliamo la civiltà, la libertà, l'indipendenza, il progresso, e l'esaltamento vero del nome italiano; non già rovesciare il concetto radicale di tai parole; nè valerci di esse per coprire l'avidità e l'ambizione. Vogliamo la civiltà cristiana; vogliamo il dritto; la ragione, il bello e Dio. Non attentiamo all'altrui, e siam paghi del nostro; non vogliamo guerra, ma pace; non ciarlataneria, ma scienza; non la ipocrisia atea e ladra, ma la carità, l'amore, e il fraterno amplesso della Fede.

Napoli non avversa l'Italia, ma combatte la setta, ch'è anti-italica, com'è anti-cristiana, ed anti-sociale. La setta dice unificar l'Italia per derubarla; Napoli vuole unire l'Italia davvero, perchè salga al primato della sapienza e della virtù, non perchè inabissi nel sofisma e nella colpa. Napoli vuole agglomerare intorno a sè le percosse forze sociali, perchè la società non pera. E come da' monti calabri uscivano i primi lampi della pitagorica favilla, così da questi luoghi i primi concetti di vera libertà contro le sette sfavilleranno. La società aggredita si dissonni dal suo letargo; ne porga la mano, e si persuada che nel vincer nostro è la nostra e la universale libertà.

L'Italia può esser collegata. Con la lega restan sacri tutti i dritti preesistenti, le autonomie, le leggi, le tradizioni, le consuetudini e i desiderii di ciascun popolo. Non si combatte il Papa, non si rinnega Cristo, non si sconvolgono le coscienze, le menti e gli interessi, si uniscono le forze di tutti, e si pon fine alla guerra. Riconduciamo le nazione dal campo della forza a quello del dritto, e l'Italia cristiana riederà al suo naturale primato.

La storia nostra dimostra come sempre per leghe fummo rispettati e salvi. La lega delle città Campane, quella delle Etrusche, l'altre Sannitiche e Latine e della guerra sociale, le leghe romane onde uscivano quelle legioni che vinsero il mondo ne son prova. E quando l'Italia fu serva d'un despota, e retta da avidi proconsoli, non ebbe più difesa, e cadde ne' Barberi. Bensì nel medio evo le leghe ne salvarono, Gregorio II forse il primo fu che federava parecchie città italiche insieme, ed era imitato da Gregorio VII. Poi sotto il terzo Alessandro la lega Lombarda fugava Federico Svevo; e più tardi quel magnifico Lorenzo de' Medici un'ampia confederazione di stati italiani compieva. Fu una lega italica che ricacciava di là dall'Alpe il Francese Carlo VIII; e Giulio II nel secolo XVI fidava alle leghe il suo famigerato motto: *Fuori lo straniero!* E non fu forse il regnante Pontefice Pio IX che nel 1848 si faceva a stringere la confederazione, dal fedifrago Piemonte avversata? Sin da allora il Piemonte agognava al conquisto, non all'unione, a far da padrone, non da fratello.

Le confederazioni di piccoli stati non destano gelosie, e vivon vita tranquilla. Sono anzi innocue e rispettate! Ventidue cantoni Svizzeri, l'America collegata, trentanove stati germanici son rimasti collettivi e forti e non tocchi, sino a' giorni presenti. E l'Italia per le sue cento città, pe' suoi varii mari, per le sue naturali ricchezze e divisioni, è fatia per essere collegata, e diventare una grande nazione! Chi lanciava in Italia la parola *unità,* volle gettarvi il pomo della discordia, per abbattere la sua troppo crescente prosperità,e infiacchirla e ammiserirla.... Ohi io tremo a diradare un velo che copre la storia contemporanea: chiarirà il tempo quel pomo a prò di chi fu lanciato.

Gli stranieri che si mostran teneri della italiana libertà, ne desiderano liberi, e non ne fanno indipendenti; e per giunta vorrebbero che il primo, il sommo italiano,il pontefice di Dio cadesse nella dipendenza d'un re di setta, cioè d'un re dipendente! Non v'è libertà senza indipendenza; nè in Italia v'è indipendenza senza confederazione. Lasciate dal guidarne; lasciatene stare, e saremo confederati, indipendenti e liberi. Siete voi o stranieri che ne fata avere la libertà a parole e il servaggio in fatti. Siete voi l'ostacolo vero e storico e futuro alla nostra redenzione, voi siete.

Se il trattato di Zurigo che fermava le basi della confederazione si fosse eseguito, noi non ispargeremmo tante lagrime, nè sarebbero caduti sin ora in guerra nefanda più che centomila italiani. Ma la setta voleva roba; però usciva da tutti i suoi antri, esordiva sul sicuro Marsala correva innanzi o spogliare la pinguissima Napoli. La rivoluzione ha riempiute le tasche de' suoi campioni, e ha raggiunto lo scopo suo. Ma il nobile sangue francese sparso per questa pattuita federazione sarà indarno? Impassibile la Francia si vedrà in viso lacerare i sacrosanti patti d'un solenne trattato? E l'onor Franco resterà vilipeso? E qual nazione poserà più l'arme per patti, se i patti fermati con una Francia saranno impunemente per avidità di conquista lacerati? A voi o generosi Francesi è l'offesa; a voi su' quali s'appoggiano le pazze sabaude ambizioni; e se voi stessi non vi ponete rimedio, tal vi rimarrà macchia nella storia, che saran pochi a lavarla dieci Solferini e cento Senne.

Fra Zurigo e Gaeta è un abisso; ed ei bisogna colmarlo col cadavere della setta. Il settario Piemonte non volle la convenuta lega; e l'Italia non potrebbe voler con sè quel Piemonte. Mal s'accoppiano lupi ed agnelli. L'Italia, quando col voler di Dio sarà collegata, e che i *protettori* stranieri la lasceranno *far da se,* ha anzi il sacro debito d'accorrere su quelle infelici ligure e alpigiane terre conquistate dalla setta, per discacciare la rivoluzione dal suo seggio, e liberare quelle già infelici contrade dal giogo di chi le ha carche di debiti e di vergogne, e l'ha fatte carceri di preti, e le ha retrocesse al paganesimo, e alla brutalità, in onta al nome italiano. Dovrà stendere la mano soccorrevole a quei miseri italiani fratelli, gementi sotto gravissime tasse isforzati a pascere i settarii dell'universo, spinti a far guerre nefande, e a mirar vilipesa la religione e la morale, e a tenere una larva di re disonesto, che di lascivie è miserando spettacolo al mondo. Liberare quelli ammiseriti popoli è carità di patria, ed è necessità per la comune quiete e del mondo. L'Italia ha il dovere di dare fratellevole aita a quella fredda sua regione; di riscaldarla con l'amor della Fede, e con lo splendore delle scienze e delle arti; di restituirla alla morale, farla salire all'eccellenza delle altre, e ritornarla alle benedizioni del Vicario d'un Dio che perdona.

Imparerà Torino da Napoli il vero costume italiano, e la carità patria, e l'amor di Dio, e che sia libertà e indipenza. Le sue reggie ritorneranno con le nostre santuarii d'amore; e la vecchia stirpe de' suoi re, rionorando la croce del suo nobile scudo, ripiglierà le avite virtù, prenderà da' Borboni di Napoli esempi di magnanimità e di valore; e apprenderà come sia più grande il combattere per la patria, che rapire l'altrui con la corruzione e la menzogna. Il Piemonte allora entrerà nella famiglia italiana; e l'Italia davvero sarà fatta.

CAPITOLO ULTIMO.

Appellano alle nazioni civili.

In mentre la fantasia si lancia rapida ne' campi dell'avvenire, e vagheggia il trionfo della civiltà, il tuonar di barbari cannoni ne richiama al cieco debaccare della forza brutale. Qui ferve una lotta esecranda fra la ragione e la setta, fra la religione e l'ateismo, fra l'ingegno e l'ignoranza, fra la verità e la calunnia, fra l'ordine che rilutta e il disordine che comanda. Il disordine seduto in seggio, sorretto da braccia abbiettissime, vuole l'ordine a suo modo, cioè l'imperio della brutalità. Nè è contento che si ubbidisca, e si paghi, ma vuole benanco si sorrida e si plaudisca, e si faccian luminarie, e si preghi per esso a un Dio cui non crede. Vuole la libertà di tutti i culti, fuorchè del cattolico; vuole la libertà della stampa, purchè si esalti la rivoluzione; la libertà del pensiero e della favella, purchè si pensi e si dica a pro d'ogni storta idea; vuole un re, purchè sia quel *galantuomo*; vuole la costituzione, purchè non s'esegua; vuole un parlamento, purchè vadan deputati i suoi adepti. Il disordine si è ordinato: ha tribunali che condannano la gente onesta; ha carceri, e le ha piene di reazionarii; ha gendarmi, e lor dà nuovi ferrei ordigni da legar la gente; ha guardie nazionali perchè faccian le spie e le visite domiciliari; ha *camorristi* perché si godan tutti gli uffizii; ed ha soldati Pinelli e Cialdini, da fucilare inermi, e da bombardar da lontano, e abbruciare le nostre città. Il disordine è trionfatore; però non rispetta patti nè capitolazioni, e imprigiona o deporta sull'isole gli uffiziali fedeli al trono, e i difensori di Gaeta; però mutila e abbatte monumenti, ruba i milioni, addoppia le imposte, impone leve militari, discioglie collegi e istituti d'arte e di scienze, abolisce conventi e se ne piglia le rendite; e fa vendette e pugnala, e perseguita, ed esilia, e in mille maniere percuote qualunque abbia amor di patria e nobiltà di sangue, o di cuore, o d'ingegno. Il disordine è anche religioso. Ha i suoi Caputi e Gavazzi e Pantalei che predicano la religione del coltello dentro i tempii di Dio, che cantano i *Te Deum* al Signore, perchè benedica le orgie; e dicon le messe pe' suoi *martiri,* e pongon fiori e croci sulle tombe de' regicidi. E il disordine è pure legislatore: esso fa cento leggi coercitive pel popolo vinto, ma per sè ha la legge suprema ed immutabile del non ubbidire a legge nessuna.

E dove ha più gli occhi l'Europa? Mira impassibile la distruzione delle più belle contrade della terra, e lo abbrutimento di quel popolo che trovava la bussola e la filosofia? La pace, supremo de' beni, n'è tolta impunemente; e siam saccheggiati, scacciati dalle nostre case, e legati e carcerati, e barbaramente vilipesi, e uccisi in cento guise nefande. Oh Dio di pietà! tu poni fine agl'inenarrabili mali nostri; tu disugella gli occhi de' potenti della terra, perchè veggano questo sole delle nostre infelicità. Dio di pietà, fa ch'ei sappiano come al regno sia rapito ogni decoro, ogni forza, ogni ricchezza! Mirino le deserte derubate roggie, i porti vuoti di vascelli, gli arsenali vuoti di arme, gli opificii distrutti, i rovesciati monumenti, i monasteri aboliti, e tante religiose in forse del domani. Veggano le leggi mutate in peggio, l'esercito disciolto, deportati i duci, i soldati costretti a morir fuori per guerre straniere, gli sprofondati erarii, gli addoppiati debiti, il mancato commercio, le abbiettate arti, i liberati galeotti, i contrabandi, le strade rotte e infeste da ladri, gli assassini imponiti, le fucilazioni illegali, le frodi sublimate, la perduta giustizia, le violazioni del domicilio e delle lettere, gli ergastoli, le paure, e la perdita d'ogni libertà. Veggano come andiam raminghi per la terra, riempiendola di lamenti, invocando soccorso dagli uomini e dal cielo. Come da ingordi stranieri siamo isforzati a lasciare i luoghi cari dell'infanzia, e vagar miseri e canuti, lungi dalle mogli e da' figli, privi di conforti, tementi di pugnali, incerti dell'avvenire, per estranie terre ed algenti, fidando all'aura i sospiri che da' petti angosciati mandiamo alla patria lontana. Vegga l'Europa come questi sono barbari e spietati, come insultano e percuotono, come saccheggiano ed incendiano. Venosa, la patria d'Orazio, ebbe il fuoco; fuoco e sacco ebbero Barile, Monteverde, S.Marco, Rignano, Spinelli, Carbonara, Montefalcione, Auletta, Basile, Pontelandolfo, Casalduni, Cotronei, ed altri molti villaggi e borgate. Fuochi, saccheggi e stupri da per tutto, i miseri abitanti innocenti, avvertiti così delle Garibaldesche imprese, chi fugge e chi muore; chi dalle baionette è sospinto a forza a morire nelle fiamme delle crollanti case, e chi da piombo micidiale è atterrato sul limitare della soglia paterna. Vedi le madri, i vecchi, i fanciulli, le verginelle vagolare scalzi pe' monti, senza panni, senza un tozzo di pane, fra mille stenti, cercar rifugio fra le meno ospitali belve, nelle caverne degli orsi: in recondite valli, o ne' più ermi casolari. Senti le strida de bambini, le preci delle madri, i gemiti di tutti, e di tutti un volgergli occhi a Dio misericordioso, per un conforto che troppo tarda a venire.

Queste rovine finiranno? ritornerà l'antica nostra pace? Miseri! e sarà possibile d'averla? Dove ritroveremo i nostri cari caduti a migliaia? dove i benestanti riavranno l'entrate disperse, gli animali uccisi, le case derubate? dove i mercatanti chiederanno i mancati capitali? dove i padri di famiglia ricupereranno i figli traviati nel subisso delle idee socialiste? dove centomila capi di famiglia, cacciati d'uffizio, chiedenti limosine, avranno soccorso? dove la giustizia impetrerà la forza del dritto? Ma dove, dove ricupereremo i morigerati costumi e la religione de' nostri padri? Forse nelle eresie, o nelle false bibbie, o nelle chiese diventate teatri, o ne' teatri fatti chiese? O forse negli osceni detti, o nelle luride immagini, o nelle persecuzioni de' buoni prelati, o ne' culti pubblicamente derisi dei santi, e sin della Vergine Madre di Dio?

Nazioni della terra, voi che vi vantate soccorritrici dell'umanità straziata, voi che mandate vascelli e battaglioni a difendere cristiani in Siria ed in China, voi avete permesso che i Cialdini, i Pinelli, i Garibaldi e i loro spietati seguaci vituperino l'italiano nome, e sgozzino tanti cristiani innocenti. E qui, nel bel mezzo dell'Europa, nel seno dell'italico giardino, che i più neri delitti, alla luce del sole, innanzi agli occhi vostri, si van perpetrando. Voi siete sordi a' nostri gemiti; e par che non giungano a voi. Queste dolorose e miserande grida sono soffocate, sono smentite, sono anzi calunniate; e noi barbaramente morenti ed oppressi, siam tacciati di briganti e di barbarie. Ma tutto ha limite quaggiù: il servaggio che s'appella libertà, la tirannide che si dice uguaglianza, la menzogna che si vanta civiltà già spuntano le loro arme. La immaginazione ora retrocede innanzi a un presente che ne insanguina ed insozza, e non osa scrutare un avvenire fosco, e forse più terribile ancora. Le nazioni non possono perire; e una forza ignota prepossente sospinge le braccia de' popoli offesi...

Deh! l'esempio nostro sia salute universale. Sopra di voi, o monarchi, pesano gravissimi doveri in questa ultima lotta fra la barbarie e la civiltà. I nostri nemici sono anche i vostri. Voi pure li avete, e coperti d'ipocrisie, intorno a' più splendidi vostri troni, donde tiranneggiano la terra, e minacciano la società. La setta manovra, investe combatte, trionfa, procede, e non riposa; nè riposerà, perchè la società non può riposare fuor del dritto,

I Napolitani invocano il dritto, reclamano la pace, fanno appello agli uomini onesti di tutte le nazioni, e fidano in Dio.

31 dicembre 1861.

ALL'ITALIA

CANZONE

Il testo è tratto dal volume: AAVV, *Omaggio a Dante Alighieri offerto dai cattolici italiani nel maggio 1865 sesto centenario dalla sua nascita*, Roma, Tipografia Monaldi, 1865.

Chi ti desta, o mia musa? oh chi dal pondo
Di lungo sonno ti riscuote, e baldo
Pigliandoti a' capelli,
Ti tragge ove non è lezzo di mondo?
Chi me ritorna al caldo
Tuo dolce amplesso, ed a' tuoi grati appelli?
Chi m'infiamma, chi m'erge oltre i cancelli
'U chiuse in vil martoro
Satana il secol curvo in cerca d'oro?

Nol so, ma il sento: il cor, l'alma, i pensieri
Disnebbiati mi fremon, quasi tocchi
Dall'empirea scintilla,
O da raggio divin de' sommi veri:
Mi s'appresenta agl'occhi
Quest'Italia già donna, or fatta ancilla;
Stride il foco, di morte odo la squilla;
Odo barbare trombe,
Veggo folli e perversi, e sangue e tombe.

O patria mia, che gemi? e che ricordi
Fabii, Camilli, Regoli e Fabrizii,
E Annibàlle disfatto?
Or per dolor le mani invan ti mordi,
Resa imbelle per vizii,
Corrotta, e merce vil data a baratto;

E peggio che con nome di riscatto,
Dissanguata le vene.
Celebri per vittoria le catene.

Che valser l'alpi e l'appennino e 'l mare.
Onde pietoso il creator ti cinse?
Quelle un tuo re fe' vuote.
Questi apersero inganni e brame avare:
Chi vincesti ti vinse.
Chi baciasti t'irride e ti percuote,
Chi nudristi t'affama, e cui le immote
Leggi insegnasti or mente,
E a te impara il *non dritto*, e insegna il niente.

Che valse che alle spente aquile ausone
Per te seguisse il maggior seggio eterno
Del successor di Piero,
Che a' popoli volenti il freno impone?
Ahi! che il dispetto inferno
Le bolge aperse de' malvagi, e un nero
Schiuseti abisso, e 'l truculento impero
Della colpa inneggiata,
Ond'alto è il vizio e la virtù dannata.

Che ti valse il saper, che valser l'arti
Ch'eccelsa in terra e in mar mandan tua fama?
Che ti valse esser bella,
Perch'altri ti vagheggi ad insozzarti?
Ogni stranier si sfama
Della tua carne, ogni alma iniqua e fella
Che vien d'oltr'alpe ti si lancia in sella;
E sì, prona e cruenta,
Va gridandoti libera e redenta.

Lassa! nè manca tra' tuoi figli, infami
  Sozii del mal, chi di sua man ti sveni,
  E ti dia con le labbia
  Morsi crudi, e a sbranarti esteri chiami!
  Ben gridan patria e beni,
  Ma evocano l'antica itala scabbia
  Della discorde cittadina rabbia;
  Perchè co' stranii ladri
  Possan meglio spogliare il suol de' padri.

Anzi a strapparti pur l'ultimo manto
  Per cui soave ancor tieni lo scettro,
  Danti scismi brittanni,
  Onde tu perda della Fede il vanto;
  Sì la virtù fia spettro,
  L'alma morrà , priva d'eterei vanni,
  Non più inferno nè cielo, aurati inganni
  Terran l'uom baldo e fiacco,
  Non più per Cristo, ma per Pluto e Bacco.

Ve' dall'alpi al Peloro oh quanti mali!
  Masnadieri, ferite, incendii e spogli,
  Carceri colme e strette,
  Spie, sgherri, uccisioni, ire e pugnali:
  Sposi abborrir le mogli,
  I figli i padri, l'amistà reiette,
  Morta la Fe', tutto spirar vendette,
  E calunnia e tormento,
  E regnar la menzogna e 'l tradimento,

Or chi non piange? se dall'altra etade
  Torneria quel d'Italia atro flagello
  Attila crudo, ei forse
  Ne piangeria d'affanno e di pietade.

Sol non piange il rubello,
E 'l Cain , che la mano che gli porse
Perdono e pan superbamente morse;
Non piange questa grama
Avida età , ch'alto civil si chiama.

Ove stan le nazioni, ove quei forti
Che a fiaccar giro in Asia il Saracino?
Or qui la Santa Chiesa
Qui s'assalta, qui a Dio minaccian morti;
Qui il nemico è vicino,
Anzi in casa; sul dorso omai vi pesa,
Vi fiede, e in voi già non è parte illesa:
Deh! prevenite i lutti,
O che il flagello ricadrà su tutti.

Stolto! che spero negli umani impacci,
Dove è il verbo divin che non vien manco?
Statevi, o grandi, oppressi
Aspettando il nemico che vi schiacci;
Quei che mai non è stanco
Conta l'ore agl'iniqui; ed a se stessi,
Li abbandona; ma quando alti son essi,
Ei move il ciglio, e involve
E codardi e superbi in una polve.

Canzon, varca le sfere; a piè del grande
Cantor del paradiso umìl t'inchina;
Digli la rea ruina
D'Italia sua; che all'opere nefande
Fan de' suoi versi scudo: e se 'l vedrai
Tutto vampa ne' rai,
Di' che a sferzar cotante infamie un poco
Pur l'altissimo suo canto fia roco.

INDICE

PILLOLE PER LA MEMORIA

1 Giuseppe Buttà, *Un viaggio da Boccadifalco a Gaeta*
2 Vittorio Alfieri, *Il Misogallo*
3 Enrico Morselli, *L'umanità dell'avvenire*
4 Alberto Mario, *La camicia rossa*
5 Carmine Crocco, *Come divenni brigante*
6 Mastro Titta, *Memorie di un boia*
7 Napoleone Colajanni, *Nel regno della mafia*
8 Giacinto de Sivo, *Storia delle Due Sicilie 1847-1861*, vol. I
9 Giacinto de Sivo, *Storia delle Due Sicilie 1847-1861*, vol. II
10 Giuseppe Buttà, *Edoardo e Rosolina o le conseguenze del 1861*
11 Giuseppe Buttà, *I Borboni di Napoli al cospetto di due secoli*, vol. I
12 Giuseppe Buttà, *I Borboni di Napoli al cospetto di due secoli*, vol. II
13 Giuseppe Buttà, *I Borboni di Napoli al cospetto di due secoli*, vol. III
14 Basilide Del Zio, *Il brigante Crocco e la sua autobiografia*
15 AaVv, *Manhès - un generale contro i briganti*
16 Gaspero Barbera, *Memorie di un editore*

www.ingramcontent.com/pod-product-compliance
Lightning Source LLC
LaVergne TN
LVHW011353080426
835511LV00005B/272

* 9 7 8 8 8 9 6 5 7 6 2 0 5 *